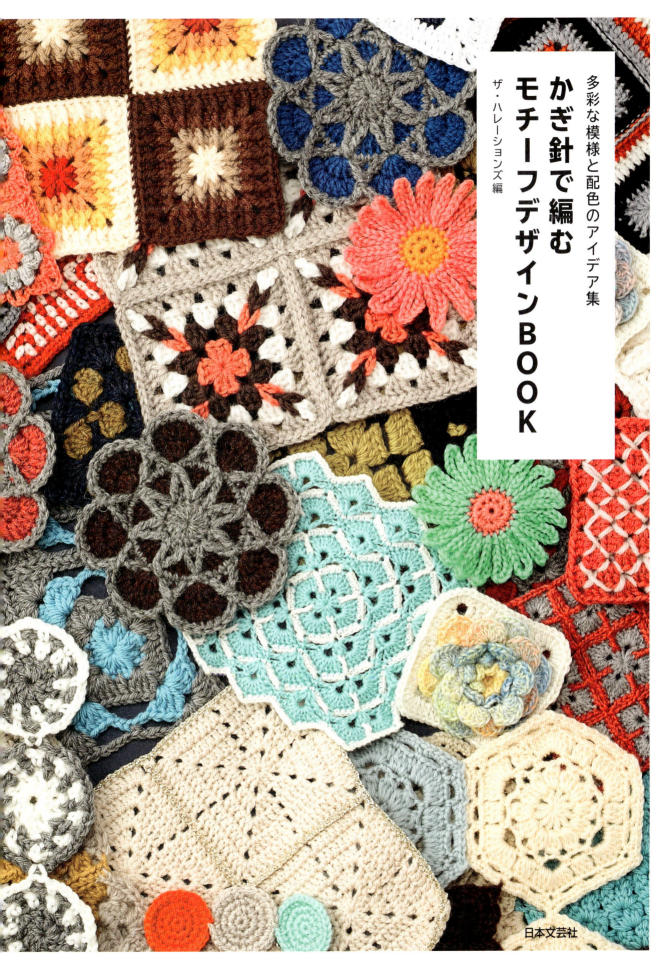

多彩な模様と配色のアイデア集

かぎ針で編む
モチーフデザインBOOK

ザ・ハレーションズ 編

日本文芸社

CONTENTS

PART 1
CHIC MOTIF P.5
シックなモチーフ

CHIC ITEM

北欧風クロス模様バッグ	P.10
HOW TO MAKE ▶ P.96	
模様編みのブランケット	P.14
HOW TO MAKE ▶ P.98	
デニム風グラニーバッグ	P.21
HOW TO MAKE ▶ P.100	

PART 2
MODERN MOTIF P.25
モダンなモチーフ

MODERN ITEM

三角模様のペタンコバッグ	P.27
HOW TO MAKE ▶ P.102	
ドミノ編みのリバーシブルポットマットとコースター	P.32
HOW TO MAKE ▶ P.104	
立体フラワーのミニマット	P.40
HOW TO MAKE ▶ P.105	
和モダンのれん	P.44
HOW TO MAKE ▶ P.108	

PART 3
ELEGANT MOTIF　P.47
エレガントなモチーフ

ELEGANT ITEM

シャクヤクのざぶとん HOW TO MAKE ▶ P.110	P.49
フラワーモチーフの がま口ポーチ HOW TO MAKE ▶ P.111	P.56
三角モチーフのショール HOW TO MAKE ▶ P.112	P.58
巾着型ショルダーバッグ HOW TO MAKE ▶ P.114	P.61

PART 4
COLORFUL MOTIF　P.67
カラフルなモチーフ

COLORFUL ITEM

メキシコ刺しゅう風 クッション HOW TO MAKE ▶ P.116	P.69
水玉模様のポーチ HOW TO MAKE ▶ P.119	P.72
リング編みのモコモコマット HOW TO MAKE ▶ P.121	P.80
シマシマミックスブランケット HOW TO MAKE ▶ P.122	P.84

本書の見方	P.4
モチーフのつなぎ方	P.86
HOW TO MAKE	P.91
編み目記号表	P.124

本書の見方

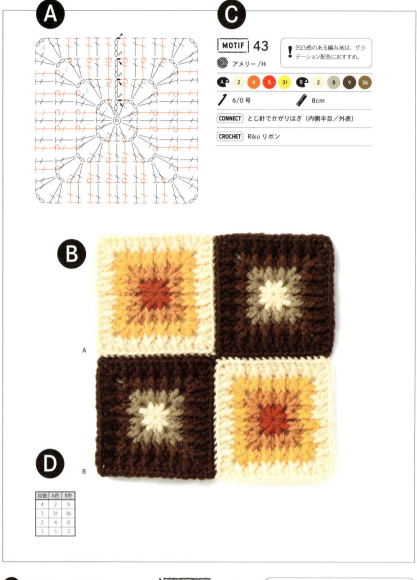

A　モチーフの編み図

Ⓑ のモチーフの編み図。見やすく大きく紹介しています。図内の記号は

◀ 糸を切る
◁ 糸を付ける

の意味、数字は段数です。

B　モチーフ

掲載のモチーフはスチームアイロンで形を整えています。アイロンをかける際は、モチーフの四方を待ち針で留め、アイロンを少し浮かせスチームをあてて調整しましょう。

D　配色表

モチーフの段ごとの色を糸の色番号で表示。糸を変えるタイミングがわかります。

C　モチーフ情報

使用糸
モチーフで使用している糸の品名とメーカー名。
ここでは以下のように表示しています。
/ D = DARUMA
/ H = ハマナカ
/ P = パピー
/ R = リッチモア

色番号
モチーフで使用している糸の色番号。糸を購入する際、品名と色番号を控えておくと便利です。

※印刷物のため、モチーフ及び作品の色が現物の糸と異なる場合があります。

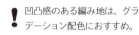

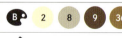

モチーフをデザイン・製作した作家名

使用かぎ針のサイズ

注意やアドバイス
モチーフの編み方や編む際に気を付けることなど。

モチーフ1枚のサイズ
※モチーフのサイズは、一辺もしくは直径サイズです。編み手によって大きさが変わるので目安として参考にしてください。

モチーフのつなぎ方
詳しいつなぎ方はP.86～参照。

本書で使用している糸の表示内容は、2018年10月のものです。

PART 1
CHIC MOTIF

ベーシックで落ち着いたカラーリングのモチーフを集めました。色合わせがしやすく、飽きがこないので、長く愛用するものやふだん使いするアイテムにおすすめです。

Item

北欧風クロス模様バッグ

模様編みのブランケット

デニム風グラニーバッグ

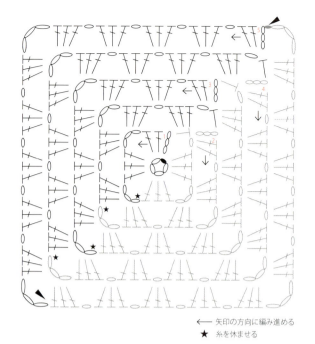

← 矢印の方向に編み進める
★ 糸を休ませる

MOTIF 01

🧶 シェットランド /P

🎨 34（編み図グレー部分）　2（編み図黒部分）

🪡 6/0号　📏 12cm

CONNECT とじ針でかがりはぎ（内側半目／外表）

CROCHET 宮井和美

❗ グラニースクエアのアレンジバージョン。糸を休ませながら往復編みで編む。

MOTIF 02

メリノスタイル並太 / D

A: 13, 19 B: 19, 13

7/0号　9.5cm

CONNECT 編みながら引き抜き編み

CROCHET blanco

! 3段目の色がアクセントになる。

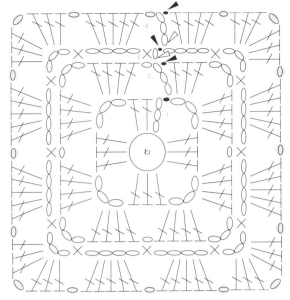

つなぐ位置

A　B

段数	A色	B色
3	19	13
1、2、4	13	19

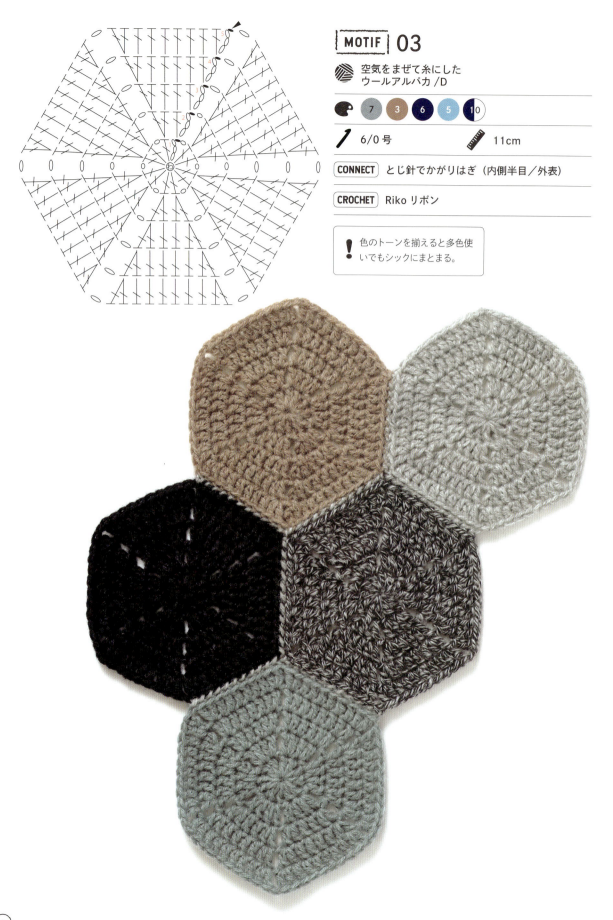

MOTIF 03

空気をまぜて糸にした
ウールアルパカ /D

7 3 6 5 10

6/0号　　11cm

CONNECT とじ針でかがりはぎ（内側半目／外表）

CROCHET Riko リボン

! 色のトーンを揃えると多色使いでもシックにまとまる。

MOTIF 04

- エクシードウール FL〈ラメ〉/H
- サスペンス /R

502 | **2** サスペンス（縁）

4/0 号　9cm

CONNECT 細編みはぎ（中表）　**CROCHET** Riko リボン

! つないだときに現れるラインをきれいに見せるには、1色で揃えるのがおすすめ。

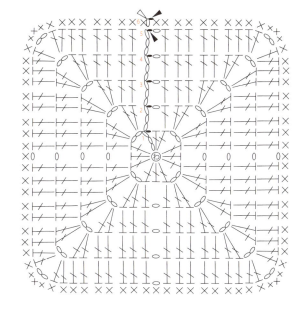

北欧風クロス模様バッグ

CROCHET Riko リボン
HOW TO MAKE ▶ P.96

人気のクロスモチーフを組み合わせたバッグ。シンプルな柄なので、コースターからブランケットまでさまざまなアイテムを楽しめます。

A

MOTIF 05

ピマデニム /P
ピマベーシック /P (水色 603)

A 159 200   B 603 200

4/0号　　7cm

CROCHET　Riko リボン

! 前々段に編むときは、前段のくさり編みを後ろに倒してよけて編む。

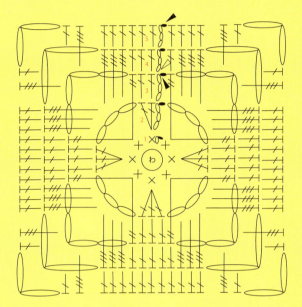

段数	A色	B色
4〜5	200	200
1〜3	159	603

B

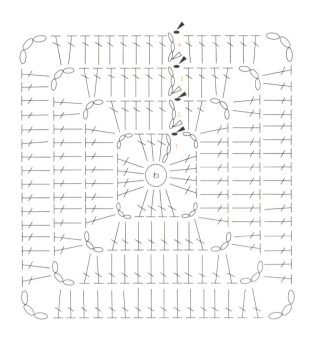

MOTIF 06

! 同じ色でも規則的に色の配置を変えるだけで印象が変わる。

 やわらかラム /D

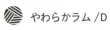 2　15　26　39

 4/0号　　8.5cm

CONNECT 引き抜きはぎ　　CROCHET 武智美恵

段数	A色	B色	C色	D色
4	2	39	15	26
3	15	26	39	2
2	39	2	26	15
1	26	15	2	39

MOTIF 07

エクシードウール L/H　ソノモノヘアリー /H

- A　123　ソノモノヘアリー
- B　302　エクシードウール L
- C　346　エクシードウール L

5/0号　　9cm

CONNECT　向きを変えつなげながら編む

CROCHET　宮井和美　　※編み図 P.91 参照

! 玉編みのブロック編み。ウールにモヘアを混ぜるとやわらかなニュアンスに。

A　　B　　C

MOTIF 08.09.10.11.12.13
模様編みのブランケット

CROCHET 飯淵典子 / 長尾美恵子
HOW TO MAKE ▶ P.98

ベーシックなモチーフとシンプルな模様編みの組み合わせ。同じブランドの糸でまとめると落ち着いたトーンに。さし色を入れたり、異素材をまぜるのもおすすめです。

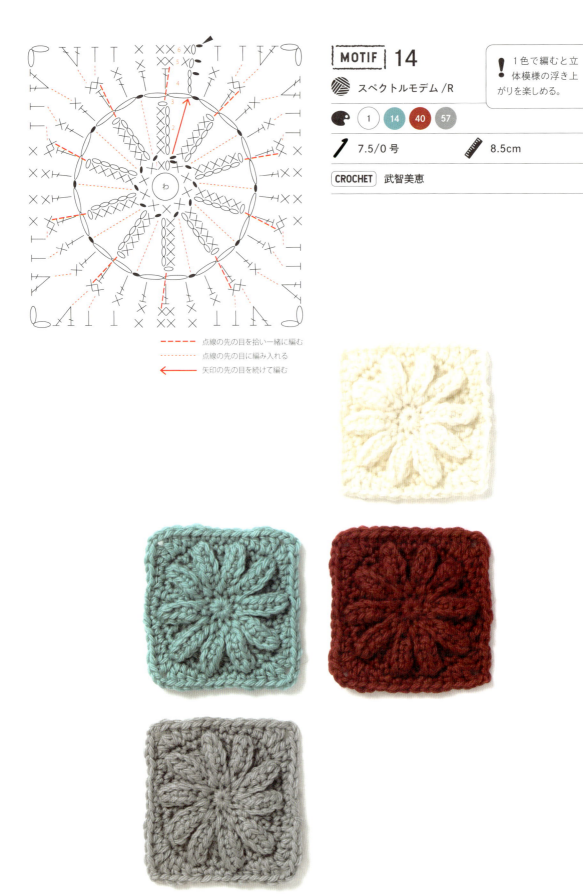

MOTIF 14

スペクトルモデム /R

1　14　40　57

7.5/0号　　8.5cm

CROCHET　武智美恵

! 1色で編むと立体模様の浮き上がりを楽しめる。

----- 点線の先の目を拾い一緒に編む
・・・・・ 点線の先の目に編み入れる
← 矢印の先の目を続けて編む

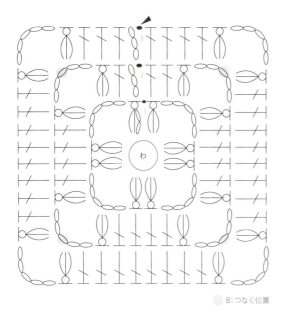

○ B:つなぐ位置

MOTIF 16

🧶 シェットランドウール /D

✏ 6/0号　📏 A:8cm、B:5cm

CONNECT　A: 引き抜きはぎ（外表）
B: 編みながら引き抜き編み（裏から）

CROCHET　武智美恵

❗ 2段と3段のモチーフ。サイズとつなぎ方を変えるだけで雰囲気が変わる。

A

arrange

B

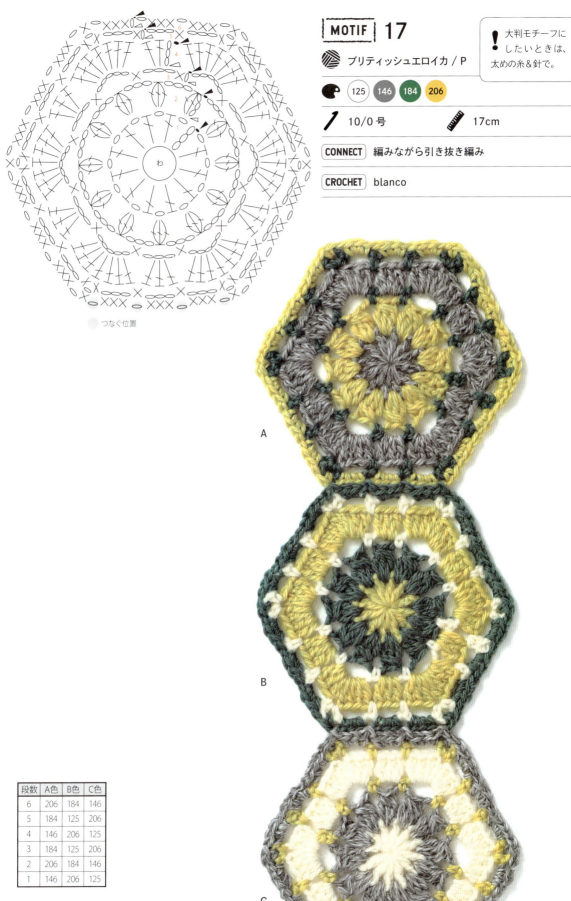

MOTIF 18

ウオッシュコットン《クロッシェ》/H

A 117　B 101　102

✏ 3/0号　📏 6cm

CONNECT 編みながら針を入れかえ長編み

CROCHET 小鳥山いん子　※編み図 P.91参照

! 表引き上げ編みの際に色を変えると、変えた糸の色が浮いて見えユニークな柄に。

MOTIF 19

パーセント/R

122　1

✏ 6/0号　📏 6cm

CONNECT 編みながら引き抜き編み

CROCHET 武智美恵　※編み図 P.91参照

! つなぐ際、あえて裏から引き抜くと2本のラインの模様が作れる。

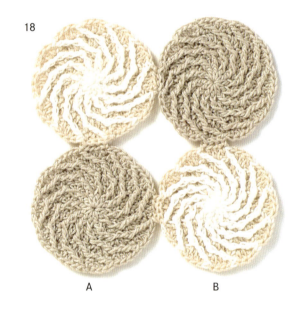

18　A　B

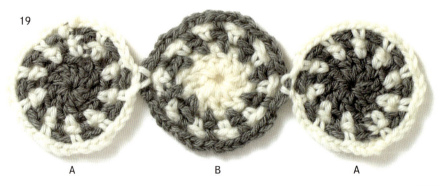

19　A　B　A

MOTIF 19

段数	A色	B色
4	1	122
3	122	1
2	1	122
1	122	1

MOTIF 20.21
デニム風グラニーバッグ

CROCHET blanco
HOW TO MAKE ▶ P.100

デニムの色味を再現したコットン糸3色を使用。デニム生地のパッチワークのようなイメージで、模様編みのモチーフをジグザグに組み合わせています。

CHIC MOTIF 21

MOTIF 22

- A: パーセント /R
- B: やわらかラム /D
- C: クイーンアニー /P

! 5段目は3段目の頭に編む。6段目で花びらの一部を後ろから編み止めることで、花びらがめくれなくなる。

A: 72, 73, 90, 95, 109
B: 2, 5, 9, 25, 29
C: 802, 812, 817, 828, 989

A:5/0号、B:6/0号、C:6/0号

A:8.5cm、B:9.5cm、C:10cm

CROCHET　Riko リボン

bright　A　　pale　B　　chic　C

段数	A色	B色	C色
7	95	9	828
6	109	25	812
5	72	5	817
4	90	2	989
3	90	2	989
2	90	2	989
1	73	29	802

MOTIF 23

A: クイーンアニー /P
B: やわらかラム /D
C: パーセント /R

> ！ 前々段に編むときは、前段のくさり編みを後ろに倒してよけて編む。

A	822	833	983	989
B	1	7	14	28	33
C	1	46	90	119

A:6/0号、B:6/0号、C:5/0号

A:9cm、B:8.5cm、C:8cm

CROCHET Riko リボン

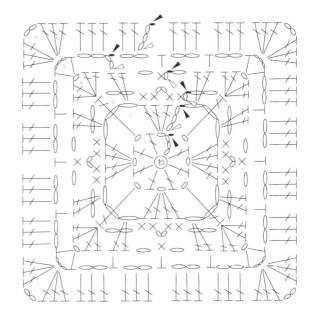

bright
A

chic
C

pale
B

段数	A色	B色	C色
6	983	14	119
5	822	1	90
4	833	28	1
3	822	7	90
2	983	7	119
1	989	33	46

CHIC MOTIF 23

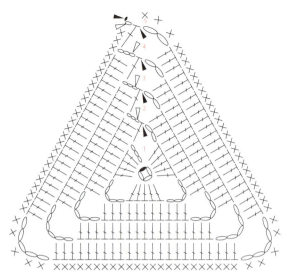

MOTIF 24

やわらかラム /D

| | 5 | 39 | 38 |

4/0号　　11.5cm

CONNECT 細編みはぎ　　**CROCHET** 武智美恵

! 三角モチーフはパズルのようにつなぎ方を楽しんで。

段数	色
5	38
4	5
3	39
2	38
1	5

PART 2
MODERN MOTIF

ベーシックなカラーにさし色をプラスしたスタイリッシュなカラーリングが特徴。インテリアや小物のちょっとしたアクセント付けにぴったりのデザインです。

Item

三角模様のペタンコバッグ

ドミノ編みのリバーシブルポットマットとコースター

立体フラワーのミニマット

和モダンのれん

MOTIF 25

パーセント /R

● 90 72 124

4/0号　　5cm

CONNECT　とじ針でかがりとじ　　CROCHET　Miya

! 黒を入れると影のように見えて、立体感が生まれる。

三角模様のペタンコバッグ

CROCHET Miya
HOW TO MAKE ▶ P.102

細編みだけで編めるシンプル模様のモチーフは、色選びがポイント。1枚を同色で編むとひし形に。隣接する部分も同色にすれば大きな三角形に。

| MOTIF | 26 |

クイーンアニー / P

986

8/0号　9cm

CONNECT　編みながら針を入れかえ長編み

CROCHET　blanco　※編み図 P.92 参照

! 模様を目立たせたいときは明るい色の糸がおすすめ。

| MOTIF | 27 |

クイーンアニー / P

983　803

8/0号　8cm

CONNECT　編みながら針を入れかえ長編み

CROCHET　blanco　※編み図 P.92 参照

! 表と裏がまったく異なる編み地で、両方表面として使える。

reversible!

MOTIF 28

パーセント /R

 46 70 107 95 40

✏ 5/0号 📏 9.5cm

CONNECT 編みながら針を入れかえ細編み

CROCHET 小鳥山いん子

❗ 最終段を共通の紺（46）にすることで全体が引き締まる。

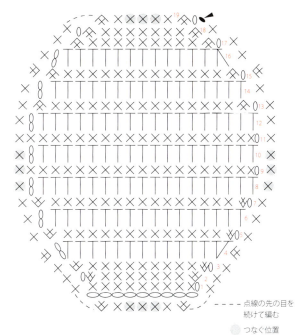

- - - - 点線の先の目を続けて編む
○ つなぐ位置

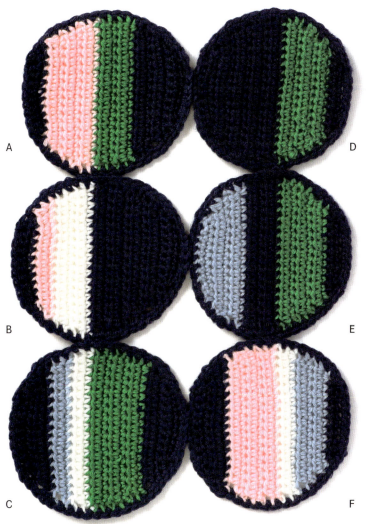

A B C D E F

段数	A色
17〜19	46
11〜16	70
7〜10	107
1〜6	46

段数	B色
17〜19	46
15・16	70
11〜14	95
1〜10	46

段数	C色
15〜19	46
13・14	40
11・12	95
5〜10	107
1〜4	46

段数	D色
9〜19	46
3〜8	107
1・2	46

段数	E色
19	46
13〜18	40
9〜12	46
3〜8	107
1・2	46

段数	F色
15〜19	46
9〜14	70
7・8	95
3〜6	40
1・2	46

MODERN MOTIF

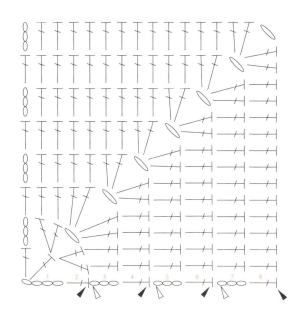

MOTIF 29

パーセント/R

47 117 69 35

6/0号　6.5cm

CONNECT　すくいとじ　　CROCHET　宮井和美

！ 力加減によってモチーフが変形しやすいので長編みの増減で調整を。

段数	A色	B色
7・8	47	117
5・6	35	69
3・4	69	35
1・2	117	47

MOTIF 30

クイーンアニー /P

- A 103（編み図黒部分） 869（編み図グレー部分）
- B 962（編み図黒部分） 929（編み図グレー部分）

7/0号　13.5cm

CROCHET　小鳥山いん子

! 編み図の色が変わる位置で糸の色を変えて編む。2色だと色があべこべになっておもしろい仕上がりに。

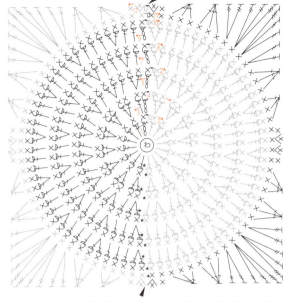

記号の色が変わる位置で糸の色を変えて編む。
変える前の糸は切らずに休ませておく。

← 矢印の方向に編み進める
★ 糸を休ませる

※裏を見て編むときは引き上げ編みの表と裏を逆に編む。

A

B

MOTIF 31

ドミノ編みの
リバーシブルポットマットと
コースター

`CROCHET` Miya

HOW TO MAKE ▶ P.104

コースター4枚で完成するポットマットは、表と裏でデザインが変わるリバーシブル仕様。(P.104参照)。洗濯できるコットン糸を使用しているので、いつでも清潔に使えます。

! 花びら部分は、糸を切らずに一気に編む。

 112 52 36 73 ① (縁、中央モチーフ)

 6/0号　　7cm、2.5cm（中央モチーフ）

CONNECT 編みながら針を入れかえ細編み、中央は別モチーフでつなぐ

CROCHET 武智美恵　　※編み図 P.92 参照

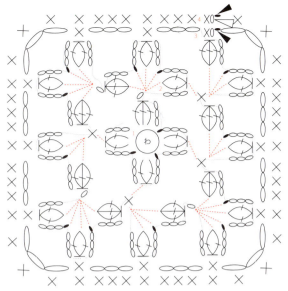

………… 点線の先の目に編み入れる

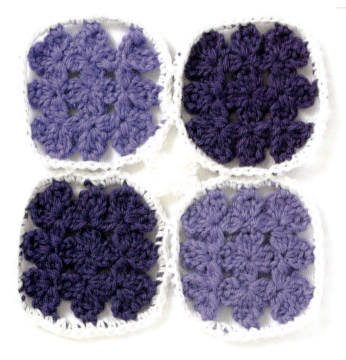

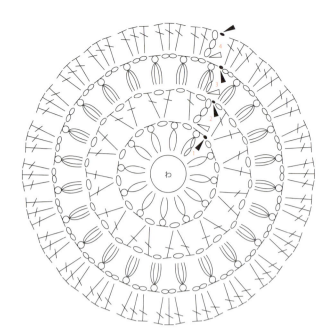

MOTIF 33

🧶 メリノスタイル並太 / D、メリノスタイル極太 / D

🎨 A 21 22 B 13 23

305 極太（中央モチーフ）

🪡 7/0号（モチーフ）、8/0号（中央モチーフ）

📏 11cm、3.5cm（中央モチーフ）

CONNECT 編みながら針を入れかえ長編み、中央は別モチーフでつなぐ

CROCHET blanco　　※編み図 P.92 参照

❗ 丸モチーフの隙間を、別モチーフでうめる方法。

A　　B

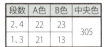

段数	A色	B色	中央色
2、4	22	23	305
1、3	21	13	

MOTIF 34

A: メリノスタイル並太 /D
B: iroiro/D、C: やわらかラム /D

A	12	4	13	22	23
B	47	36	29	16	46
C	15	36	28	30	2

A:6/0号、B:4/0号、C:5/0号

A:8cm、B:5.5cm、C:7cm

CROCHET 小鳥山いん子

! ランダムな配色なので、少しずつ余っている毛糸を活用できる。異素材を混ぜてもおもしろい。

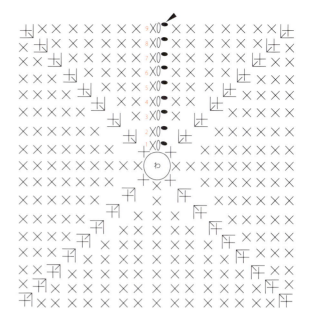

A

B

C

MOTIF 35

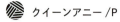
クイーンアニー /P

※段ごとの色変えではなく、同時進行で編みます。

✏ 7/0号　📏 8cm

CROCHET　小鳥山いん子　※編み図 P.92 参照

うずまき柄は糸を休ませながらぐるぐると編む。

MOTIF 36

シェットランド /P

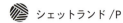

※段ごとの色変えではなく、同時進行で編みます。

✏ 7/0号　📏 11.5cm

CROCHET　小鳥山いん子　※編み図 P.93 参照

糸を4種類使うと、四角い形にできる。

35-A

36-B

36-A

35-B

MOTIF 37

やわらかラム /D

38 37 30 33 29

6/0 号　　8cm

CONNECT 細編みはぎ（中表）

CROCHET 小鳥山いん子

! つなぐ際にモチーフの向きを変えるといろんな柄を楽しめる。

段数	色
5	29
4	33
3	30
2	37
1	38

MOTIF 38

iroiro/D

4/0号　　A:3.5cm　B:14cm

| CONNECT | A: 編みながら針を入れかえてつなぐ |
| CROCHET | Riko リボン　※編み図 P.93 参照 |

! Bは真ん中のモチーフを広げていくイメージ。Bの真ん中モチーフを並べると、Aのような規則的な模様になる。

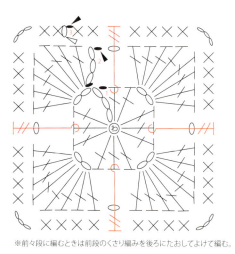

※前々段に編むときは前段のくさり編みを後ろにたおしてよけて編む。

B

段数	色
3、6、9、12	1
1、2、4、5、7、8、10、11	22

arrange

段数	色
3	43
1・2	49

A

MOTIF 39

パーセント / R

! 奇数段と偶数段で色を変える2色配色がおすすめ。

A 1 90　B 73 1　C 122 90

6/0号　9cm

CROCHET blanco

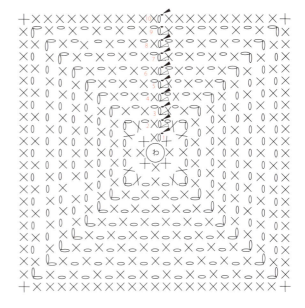

A

B

C

段数	A色	B色	C色
10	1	73	122
2、4、6、8	90	1	90
1、3、5、7、9	1	73	122

MODERN MOTIF 39

立体フラワーのミニマット

[CROCHET] 小鳥山いん子
HOW TO MAKE ▶ P.105

アーティスティックな立体モチーフ3種を組み合わせたマット。枚数を増やしたり、配置や色を変えたり、夏仕様の麻糸で編むなどして雰囲気の変化を楽しみましょう。

MOTIF 40.41.42

メリノスタイル並太/D

6/0号　16cm

CROCHET　小鳥山いん子　※編み図 P.106・107 参照

! 色数をおさえると、デコラティブなデザインが引き立つ。

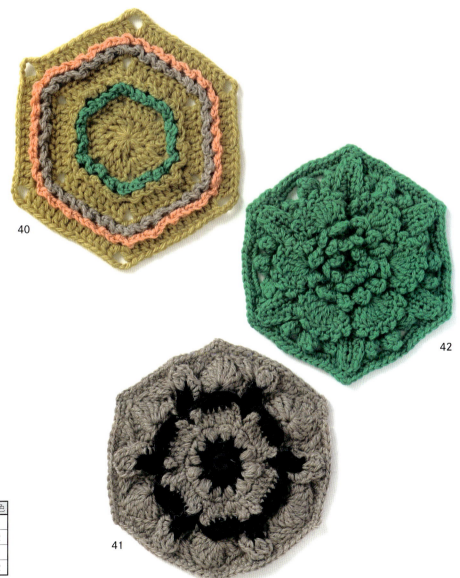

40

42

41

段数	40色
5段-2	23
5段-1	4
3段-2	13
3段-1	22
1〜6	13

段数	41色
9〜12	4
6〜8	12
3〜5	4
1,2	12

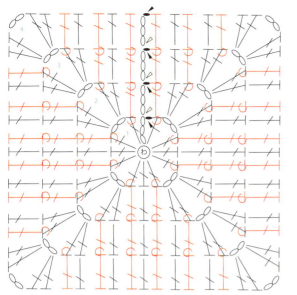

MOTIF 43

! 凹凸感のある編み地は、グラデーション配色におすすめ。

アメリー /H

A: 2 4 5 31　B: 2 8 9 36

6/0号　　8cm

CONNECT　とじ針でかがりはぎ（内側半目／外表）

CROCHET　Riko リボン

A

B

段数	A色	B色
4	2	9
3	31	36
2	4	8
1	5	2

MOTIF 44

- iroiro/D
- 28 29 39 50
- 4/0号
- 11cm

CONNECT 引き抜きはぎ（外表・全目）

CROCHET Riko リボン

! 1段目を編み終え、わを引き締める際、2段目の長々編み6目分が編み込めるように余裕を持たせるのがコツ。2段目を編み終えたらしっかり引き締めて。また前々段に編むときは、前段を後ろに倒してよけて編む。

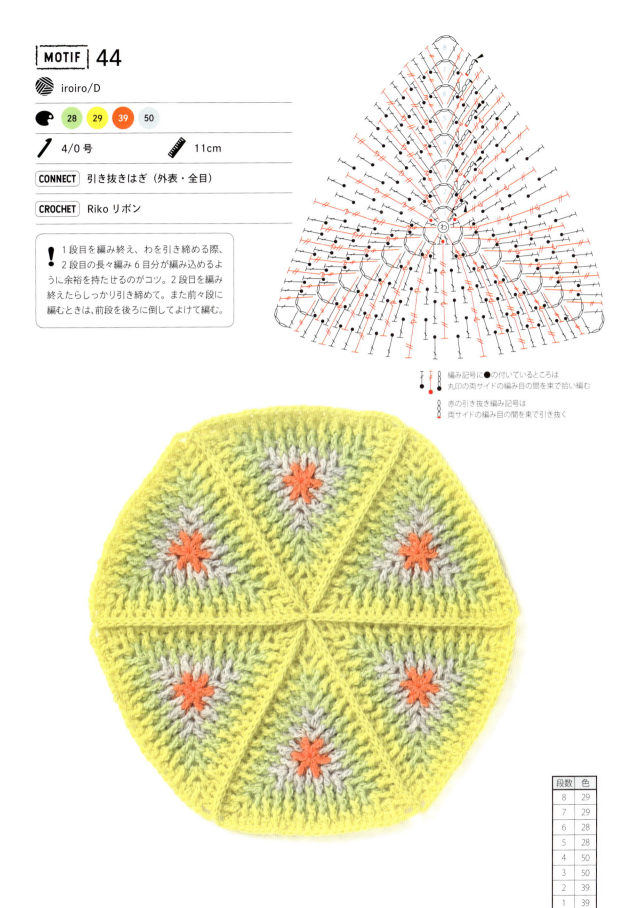

編み記号に●の付いているところは丸印の両サイドの編み目の間を束で拾い編む

赤の引き抜き編み記号は両サイドの編み目の間を束で引き抜く

段数	色
8	29
7	29
6	28
5	28
4	50
3	50
2	39
1	39

和モダンのれん

CROCHET blanco
HOW TO MAKE ▶ P.108

和テイストのコットン糸4色をセレクト。両面仕様のモチーフは1種類のみ。糸の種類や配色を変えたり、モチーフの数を増減したり、アレンジ自在です。

MOTIF 45

メリノスタイル極太 / D
ウールモヘヤ / D

311　312　1 (モヘヤ)

10/0号　15.5cm

CONNECT 編みながら引き抜き編み　CROCHET blanco

! 同じトーンの中に異素材を混ぜるとアクセントになる。

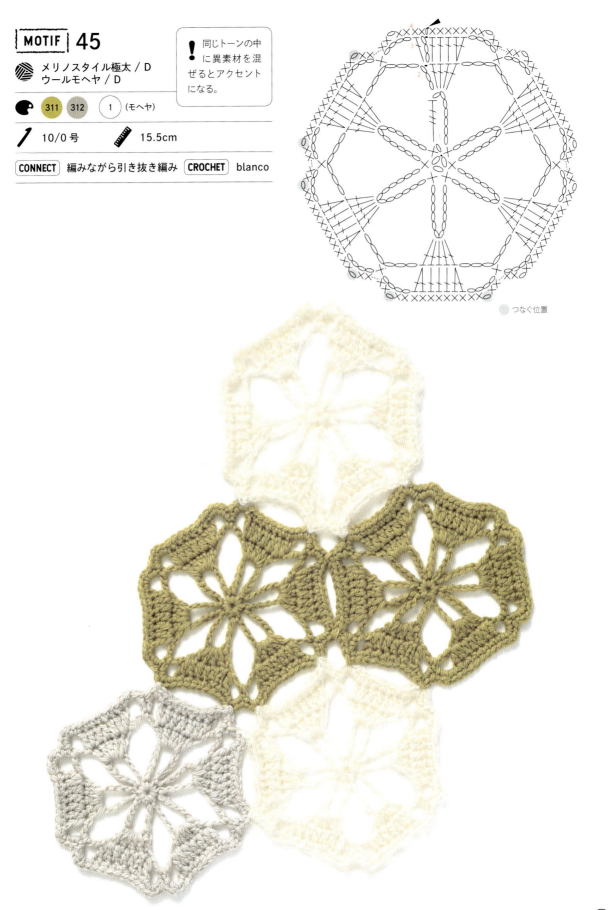

つなぐ位置

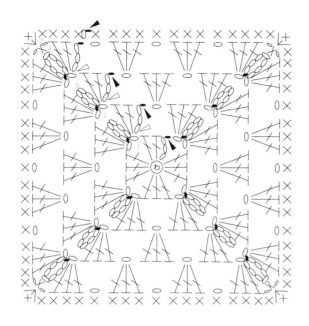

MOTIF 46

シェットランド /P

● 5　● 7　○ 8　● 58

✎ 6/0 号　　📏 10cm

CONNECT　引き抜きはぎ (外表・全目)

CROCHET　Riko リボン

! 4段目の四隅の細編みは、四隅の1段目のくさり編みの輪に後ろから前へ2段目の輪を通し、そのまま2段目の輪に後ろから前へ3段の輪を通し3段目の輪を束で拾い編む。

段数	色
5	7
4	7
3	8
2	5
1	58

PART 3
ELEGANT MOTIF

ペールトーンをベースにしたやさしい雰囲気のモチーフがメイン。花形モチーフやガーデンをイメージさせるふんわりとしたデザインが多いのも特徴です。

Item

シャクヤクのざぶとん

フラワーモチーフのがま口ポーチ

三角モチーフのショール

巾着型ショルダーバッグ

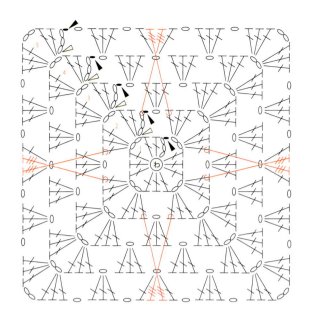

MOTIF 47

🧶 コットンコナ/P

🎨 ② ④ ⑨ ㊽

🪡 4/0号　📏 8.5cm

CROCHET Riko リボン

❗ グラニースクエアのアレンジモチーフ。三つ巻き長編み表引き上げ編み（🍥）は、前段、前々段を後ろに倒してよけて編む。

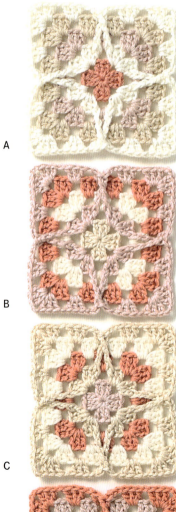

A

B

C

D

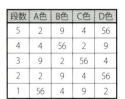

段数	A色	B色	C色	D色
5	2	9	4	56
4	4	56	2	9
3	9	2	56	4
2	2	9	4	56
1	56	4	9	2

MOTIF 48

シャクヤクのざぶとん

CROCHET Miya
HOW TO MAKE ▶ P.110

華やかなシャクヤクのブーケを
イメージしたざぶとん。種類の
違う単色糸と段染め糸を引き揃
えて編むことで、花のもつ絶妙
な色合いを表現しています。

MOTIF 49

スペクトルモデム /R

● 40　2　9　33　35　1 (縁)

/ 7.5/0号　📏 9cm

CROCHET　武智美恵

! 縁の色を揃えておくと、編みながらつなげる際に楽。

MOTIF 50

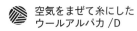

空気をまぜて糸にした
ウールアルパカ /D

5/0号　12.5cm、5cm（中央モチーフ）

CONNECT 編みながら引き抜き編み、
中央は別モチーフでつなぐ

CROCHET 小鳥山いん子　※編み図 P.93 参照

! 3段まで編んだら裏返し、ループを表にする。

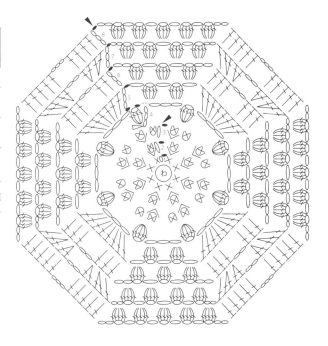

段数	色
4〜8	6
1〜3	10

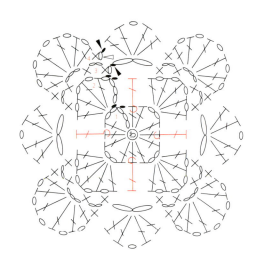

| MOTIF | 51 |

ウオッシュコットン /H

● 13　18

4/0号　6cm

CONNECT 編みながら針を入れかえてくさり編み

CROCHET Riko リボン　※編み図 P.93 参照

! 冬糸で編むとまた違った雰囲気を楽しめる。

段数	色
4	18
1〜3	13

MOTIF 52

🧶 ピアンタ /R

🎨 1

✏ 7/0号　📏 11.5cm

CONNECT　とじ針でかがりはぎ（外側半目／外表）

CROCHET　宮井和美

! ベーシックなシンプルデザインも、つなげるとライン柄が現れる。

MOTIF 53

- パーセント / R
- 3　20　22　76（中央モチーフ）
- 6/0号
- 11cm、3cm（中央モチーフ）

CONNECT	編みながら引き抜き編み、中央は別モチーフでつなぐ
CROCHET	blanco　※編み図 P.94 参照

! 六角モチーフをつなげながら編み、隙間を別モチーフで編みながらつなぐ。

MOTIF 54

やわらかラム /D

29　36　2

4/0号　　8cm

CONNECT　編みながら引き抜き編み (P.88 参照)

CROCHET　武智美恵　　※編み図 P.94 参照

> ! 辺の多い六角形は、ピコットでつなぐとカンタン。

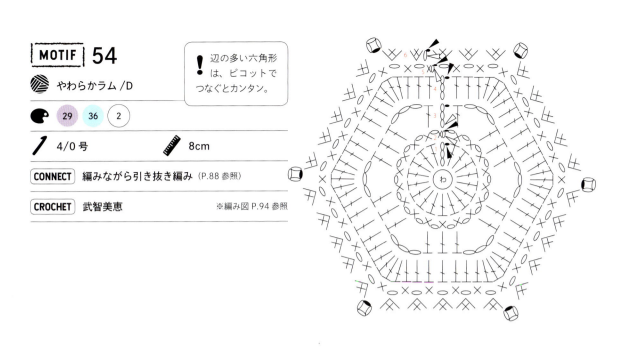

段数	A色	B色	C色	D色	E色	F色	G色
6	2	36	29	36	2	29	
5	29	2	2	29	36	36	
3・4	36	29	36	2	29	2	2
2	29	2	2	29	36	36	
1	2	36	29	36	2	29	

ELEGANT MOTIF 55

フラワーモチーフのがま口ポーチ

[CROCHET] Riko リボン
HOW TO MAKE ▶ P.111

花びら部分を後から編み付ける、立体モチーフのポーチ。ショルダー紐に付け替えればキッズのポシェットに、拡大してクッションカバーなどにしてもおしゃれ。

MOTIF 55

🧶 パーセント /R

✏️ 7/0号　📏 11.5cm

CROCHET　Riko リボン

> ❗ 糸は2本取り。 本体を編み終えたら、2〜4段のすじ編み手前半目に花びらを編み付ける。

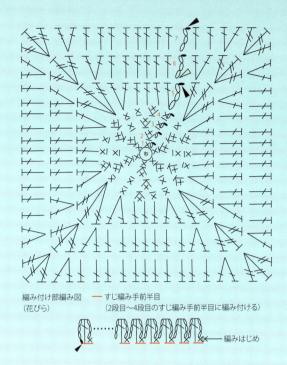

編み付け部編み図　──すじ編み手前半目
（花びら）　　　　（2段目〜4段目のすじ編み手前半目に編み付ける）

A

C

B

D

段数	A色	B色	C色	D色
編み付け	72	46	56	101
6・7	95			
1〜5	93			

ELEGANT MOTIF 57

MOTIF 56

三角モチーフのショール

CROCHET Riko リボン
HOW TO MAKE ▶ P.112

三角モチーフを変形につなぐことで、ずり落ち防止を実現！ つなぎ方を変えれば、マフラー、スヌードなどへの変換もラクラク。

MOTIF 57

パーセント /R

A 93　B 23

5/0号　8cm

CONNECT　編みながら針を入れかえてくさり編み

CROCHET　Riko リボン　※編み図 P.94 参照

! つなぐときれいな縦横ラインが現れる。

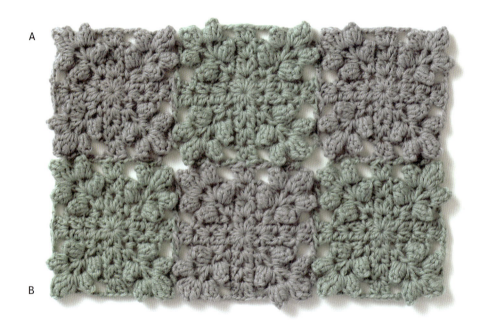

A
B

巾着型ショルダーバッグ

[CROCHET] Riko リボン
HOW TO MAKE ▶ P.114

バッグの飾りとしてモチーフを部分使いしたデザイン。モチーフをつなげると縦と横にライン模様が出るので、平面のバッグにアレンジすると違った雰囲気を楽しめます。

MOTIF 58

やわらかラム /D

A 7 15 1 B 7

4/0号　6cm

CONNECT 編みながら引き抜き編み

CROCHET 武智美恵　※編み図 P.94 参照

> 同じモチーフでも色を効果的に使うと花のデザインが際立つ。

B　　　A

段数	A色	B色
4	7	7
3	1	
2	7	
1	15	

MOTIF 59

- 糸: パーセント /R
- 色: 60, 59
- 針: 6/0 号
- サイズ: 9cm
- CONNECT: とじ針でかかりはぎ（半目／中表）
- CROCHET: 小鳥山いん子

! 3段目を編むときは、1、2段目の後ろ側から編み入れ、6段目の赤い部分を編むときは、1、2段目の前側から編み入れ、全段すべてを編みくるむ。

MOTIF 60

- 糸: パーセント /R
- 色: 43
- 針: 6/0 号
- サイズ: 9cm
- CONNECT: とじ針でかかりはぎ（半目／中表）
- CROCHET: 小鳥山いん子

! 2種類のモチーフを合わせるときは、華やかなものとシンプルなものが好相性。

59

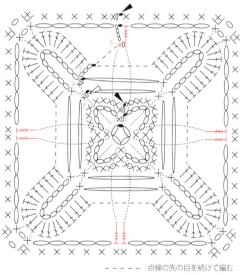

------ 点線の先の目を続けて編む
･･････ 点線の先の目に編み入れる

60

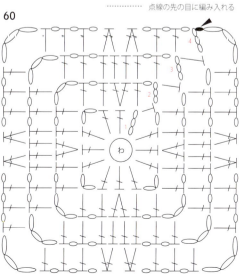

段数	色
3〜7	59
1・2	60

ELEGANT MOTIF 63

MOTIF 61

パーセント/R

! 4ヵ所をつなぐと、花びらのように隙間が埋まる。

| A | 35 | 1 | B | 1 | 35 |

6/0号　　8cm

CONNECT 編みながら引き抜き編み (P.88 参照)

CROCHET 武智美恵　　※編み図 P.95 参照

A

B

段数	A色	B色
4	1	35
1、2、3、5	35	1

MOTIF 62

クイーンアニー /P

962 991

7/0号　9cm

CONNECT　とじ針でかがりはぎ（内側半目・外表）
CROCHET　宮井和美

! 3段目だけ色をかえるのもおすすめ。

段数	色
2、4	991
1、3	962

PART 4
COLORFUL MOTIF

さまざまな色の組み合わせで、インパクト十分なモチーフを提案。同じ色でもトーンを変えれば、艶やかなものから可憐なものまで幅広いニュアンスで楽しめます。

Item

メキシコ刺しゅう風クッション

水玉模様のポーチ

リング編みのモコモコマット

シマシマミックスブランケット

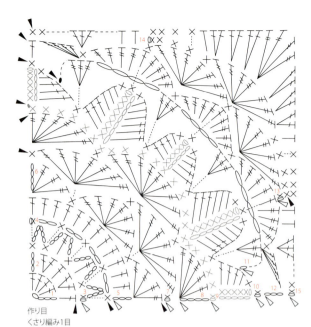

作り目
くさり編み1目

- - - - - 点線の先の目を続けて編む
……… 点線の先の目に編み入れる

MOTIF 64

クイーンアニー /P

A: 989 107 106 832 802
B: 103 832 802
C: 974 110 832 802

7/0号　14cm

CROCHET 小鳥山いん子

! 配色やモチーフの向きを変えてオリジナルな柄合わせを楽しんで。

A

B

段数	A色	B色	C色
15	989	802	110
13・14	106	832	
12	989	802	802
11	106		
10	107	832	832
9	832	802	974
8		103	832
7	989	802	974
5・6	802	103	110
3・4	106	802	802
1・2	802	103	110

C

メキシコ刺しゅう風クッション

[CROCHET] 小鳥山いん子
HOW TO MAKE ▶ P.116

まるで刺しゅうのような精巧なモチーフ。4枚で鮮やかな花模様になりますが、モチーフの向きや合わせ方でいろいろな模様になるので試してみましょう。

MOTIF 65

ハマナカボニー /H

A 429 415 B 481 462

7.5/0 号 15cm

CROCHET 小鳥山いん子

! 先に1〜4段のベースを編み、その上に編み付ける立体的なモチーフ。

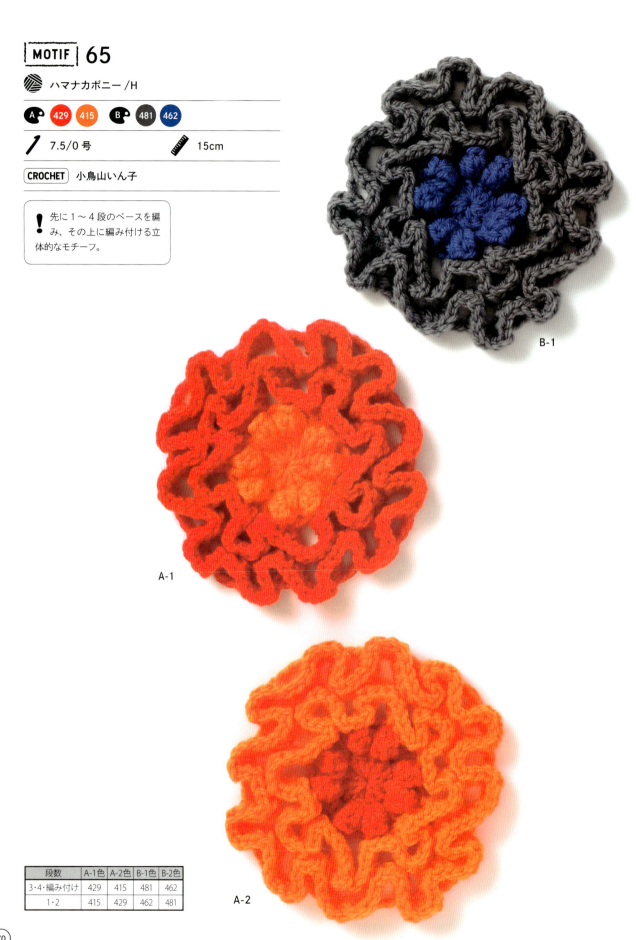

B-1

A-1

A-2

段数	A-1色	A-2色	B-1色	B-2色
3・4・編み付け	429	415	481	462
1・2	415	429	462	481

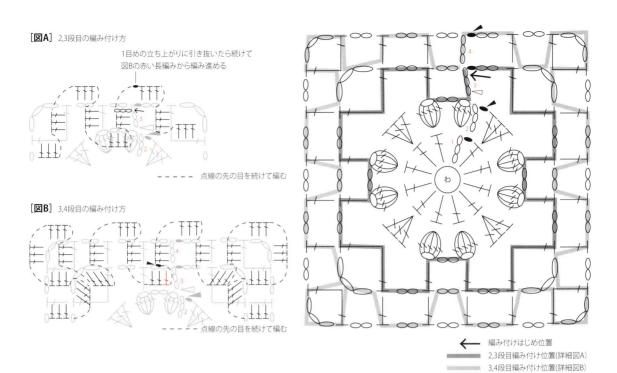

[図A] 2,3段目の編み付け方

1目めの立ち上がりに引き抜いたら続けて
図Bの赤い長編みから編み進める

------ 点線の先の目を続けて編む

[図B] 3,4段目の編み付け方

------ 点線の先の目を続けて編む

← 編み付けはじめ位置
―― 2,3段目編み付け位置(詳細図A)
―― 3,4段目編み付け位置(詳細図B)

B-2

MOTIF 66.67.68

水玉模様のポーチ

CROCHET Miya
HOW TO MAKE ▶ P.119

ランダムな水玉模様が印象的なデザイン。ベースの色をダークトーンにすることで、つなぎ目が見えにくくなり、水玉が浮き上がって見えるのがポイントです。

MOTIF 69

クイーンアニー /P

A 103 989 812 B 802 822 110

5/0号　　3.5cm

CONNECT 編みながら針を入れかえ細編み

CROCHET Miya　　※編み図 P.95 参照

! 指定よりも細めのかぎ針で強めに編むと、サイズが揃いやすく、見た目もきれい。

A

B

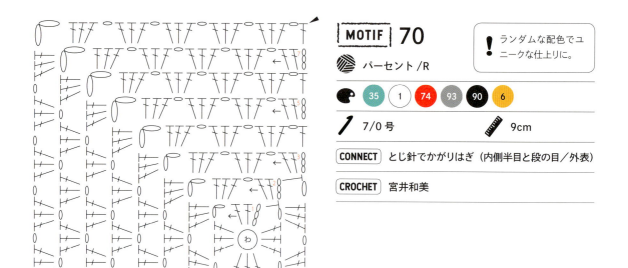

MOTIF 70

> ランダムな配色でユニークな仕上りに。

パーセント /R

● 35 ○ 1 ● 74 ● 93 ● 90 ● 6

7/0号　　9cm

CONNECT とじ針でかがりはぎ（内側半目と段の目／外表）

CROCHET 宮井和美

← 矢印の方向に編み進める

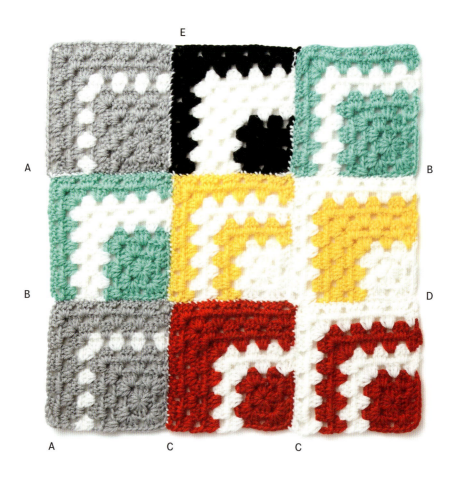

段数	A色	B色	C色	D色	E色
ランダム	93、1	35、1	74、1	6、1	90、1

MOTIF 71

パーセント /R

● 72　60　35　70　102　43

🧵 6/0号　　📏 8.5cm

CROCHET　武智美恵

!　くさり編みの目数を変えれば、簡単にリサイズできる。

A

close up!

B

C

D

段数	A色	B色	C色	D色
3	72	60	35	43
1・2	102	43	72	70

| MOTIF | 72 |

🧶 iroiro/D

🎨 38 49

✏️ 4/0号　📏 5.5cm

[CONNECT] 編みながら針を入れかえてくさり編み

[CROCHET] Riko リボン　※編み図 P.95 参照

! 花びらを引き立てる配色がおすすめ。

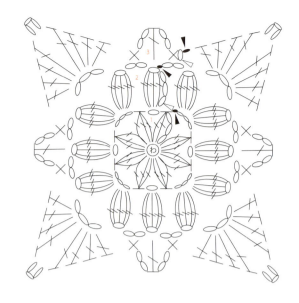

段数	色
2	49
1、3	38

MOTIF 73

ピマデニム /P、コットンコナ /P

| 100 ピマデニム | 82 コットンコナ |

5/0 号　　7.5cm

CROCHET　武智美恵

! コントラストをつけたいときは補色配色がおすすめ。

A

B

A

段数	A色	B色
2、4	100	82
1、3	82	100

MOTIF 74

🧶 クイーンアニー /P

A: 110 103 869 B: 951 110
C: 103 833 D: 110 818 833 951

🪝 7/0号　📏 12cm

CROCHET 小鳥山いん子

> ❗ 1色で編む場合、3、4段目は1目めの立ち上がりのくさり編み3目に引き抜き編みをして次の段に移る。

A

B

C

段数	A色	B色	C色	D色
5・6	869	951	103	110
4	103	110	833	818
3	869	951	103	833
1・2	110			951

D

MOTIF 75

クイーンアニー / P

A	103	828
B	832	828
C	983	828

8/0号　12.5cm

CONNECT 編みながら引き抜き編み

CROCHET blanco

> ！ 最後に編みながらつなぐ場合は、最終段を同色の糸にすると楽。

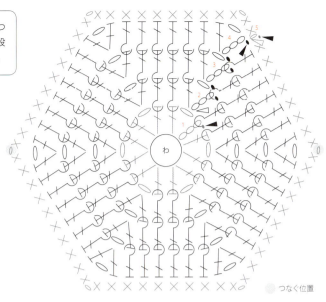

● つなぐ位置

A

B

C

段数	A色	B色	C色
2〜4	103	832	983
1、5	828		

COLORFUL MOTIF 79

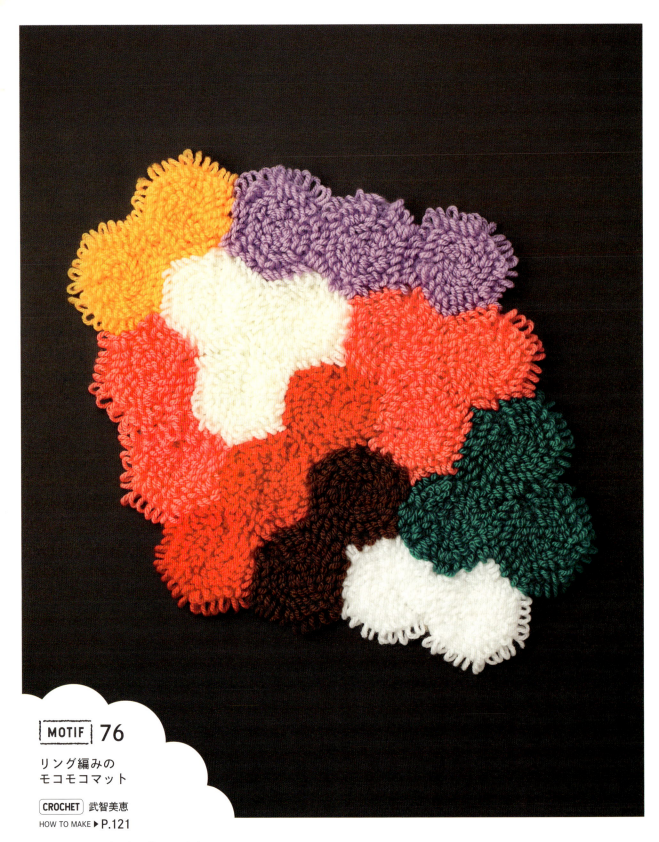

MOTIF 76

リング編みの
モコモコマット

[CROCHET] 武智美恵
HOW TO MAKE ▶ P.121

太めのアクリル糸で編んだユニークなモチーフが特徴。しっかりした編み地に加え、裏面はネットで固定しているので、玄関マットなどのデイリー使いにぴったり。

MOTIF 77

メリノスタイル並太 / D

| A | 1 | 17 | B | 22 | 1 | C | 21 | 1 |
| D | 1 | 22 | E | 17 | 1 | F | 20 | 1 |

6/0号　　9cm

CROCHET 武智美恵　※ステッチ方法 P.95 参照

! グラニースクエアにとじ針を使ってアウトラインステッチ。編み込みとは違うニュアンスが楽しめる。

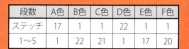

段数	A色	B色	C色	D色	E色	F色
ステッチ	17	1	1	22	1	1
1〜5	1	22	21	1	17	20

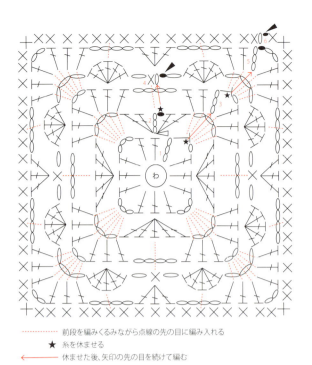

- ········ 前段を編みくるみながら点線の先の目に編み入れる
- ★ 糸を休ませる
- ← 休ませた後、矢印の先の目を続けて編む

MOTIF 78

シェットランドウール /D

| A | B | 6 | 5 |
| C | D | 10 | 8 |

6/0号　　10cm

CROCHET 小鳥山いん子

! 糸を休ませながら編むと、きれいな模様が現れる。

段数	A色	B色	C色	D色
2、4	5	6	8	10
1、3、5、6	6	5	10	8

MOTIF 79

シェットランドウール /D

A: 4, 8　B: 3, 8　C: 11, 8

6/0号、7/0号（最終段）　12cm

CROCHET Riko リボン

! 5段目の細編みは、2段目のくさり編みを編みくるみながら編む。

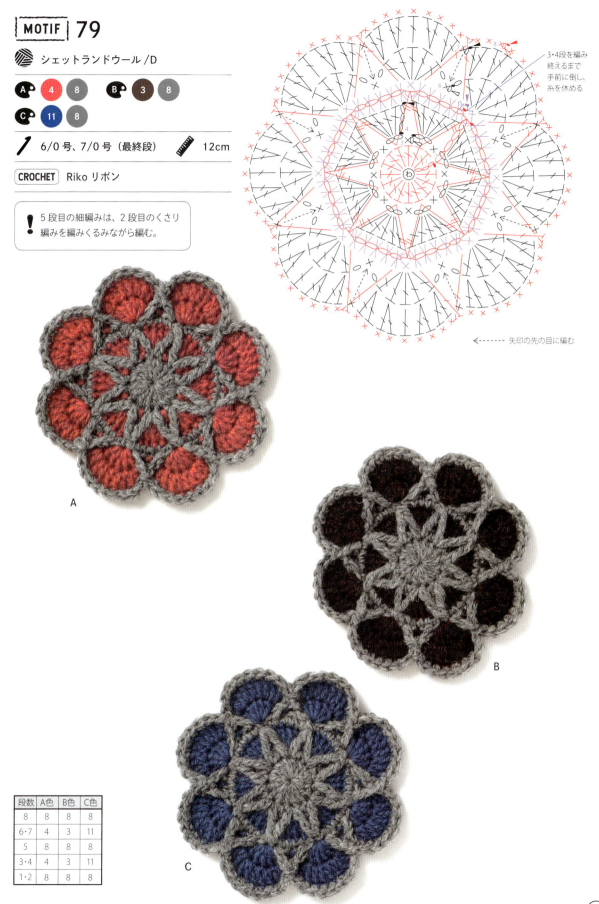

3・4段を編み終えるまで手前に倒し、糸を休める

← ------ 矢印の先の目に編む

段数	A色	B色	C色
8	8	8	8
6・7	4	3	11
5	8	8	8
3・4	4	3	11
1・2	8	8	8

MOTIF 80.81.82.83
シマシマミックスブランケット
CROCHET blanco
HOW TO MAKE ▶ P.122

模様編みのシマシマモチーフをジグザグにつなげたブランケット。色やサイズをアレンジして、パズルのように組み立ててみましょう。

COLORFUL MOTIF 85

モチーフのつなぎ方

モチーフつなぎには、かぎ針ととじ針を使う方法があります。編みながらつなぐ、編み終わってからつなぐなど、さまざまな方法がありますが、ここでは本書で使用した主なモチーフつなぎを紹介します。
※とじ糸はわかりやすい色の糸を使っています。

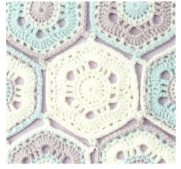

引き抜きはぎ（外表・全目）
※端の目がくさり編みではない場合でも、いちばん端の目に針を手前から入れます。

01 編み地を外表に合わせ、両側の端のくさり編みの束から糸を引き出す。

02 となりの目の両側の頭に針を通し、糸をかける。

03 糸を引き出し、引き抜き編みをする。

04 02と同様にとなりの目の両側の頭をすくい、糸をかける。

05 03と同様に糸を引き出し、引き抜き編みをする。

06 端の目まで04、05を繰り返す。

07 引き抜きはぎの完成。

動画でCHECK！

細編みはぎ（外表・全目）

01 編み地を外表に合わせ、両側の端のくさり編みの束から糸を引き出す。

02 針に糸をかける。

03 立ち上がりのくさり1目を編む。

04 01と同じ目に針を通し、糸をかける。

05 糸を引き出し、更に針に糸をかける。

06 針にかかる2ループを引き抜き、細編みを編む。

07 両側のとなりの目の頭に針を通し、糸をかける。

08 05と同様に糸を引き出し、針に糸をかける。

09 06と同様に2ループを引き抜き細編みを編む。

10 端の目まで07、08、09を繰り返す。

11 細編みはぎの完成。

動画でCHECK!

引き抜き編みで編みながらつなぐ① ピコット編み

01 単体のモチーフに細編みを編み、ピコット編みのくさり1目を編む。

02 つなげるモチーフのピコットの表側から針を入れ、糸をかける。

03 1目引き抜き編みをし、もう1目くさり編みを編む。

04 ピコット編みをし、次のピコット編みのところまで細編みをする。

05 くさり編みを1目編み、つなげるモチーフのピコットに表から針を入れ、糸をかける。

06 1目引き抜き編みをし、もう1目くさり編みを編む。

引き抜き編みで編みながらつなぐ② くさり編み

07 04、05、06を繰り返し、4ヵ所のピコット編みに引き抜き編みでつなげる。

01 くさり編み4目を編む

02 つなぐ側のモチーフの表側から針を入れる。

03 針に糸をかけ、引き抜く。

04 くさり編み4目を編み、そのままモチーフを仕上げる。

くさり編みで編みながらつなぐ (針を入れかえ別モチーフでつなぐ)

※針を入れかえることで長編みでつなぐこともできます。

01 わの作り目にくさり編み3目と長編み1目編む。(2回目以降は、05の引き抜き編みから続けてくさり3目を編み、わに長編みを1目編む)

02 針をいったん抜き、つなげる側のモチーフの頭に表から針を入れる。

03 01で編んでいた長編みの目に針を戻し引き出す。

04 くさり編み3目を編む。(1目が引き抜き編みをしたことになる)

05 わに引き抜き編みを1目編む。

06 01～05を繰り返し、4辺をつなぎ、わを引きしめる。

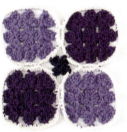

07 別モチーフでつながった状態の完成。

すくいとじ

01 表同士、段と段を隣り合わせにし、端の作り目の裏側から交互に針を通す。

02 手前のモチーフ(下)の端の半目をすくい、針を入れる。

03 奥側のモチーフ(上)の端の目を割って糸を2本すくい、針を入れる。

04 矢印のように目を割って交互に2本ずつすくい、とじていく。

05 最後までとじる。

06 とじ糸を左右に引き締めると目立たなくなる。

かがりはぎ（外側半目／外表）
奥側モチーフ（上）と手前モチーフ（下）の外側半目にとじ針を入れ、かがる。

かがりはぎ（内側半目／外表）
2枚のモチーフの隣り合う内側の半目にとじ針を入れ、かがる。

かがりはぎ（全目／外表）
2枚のモチーフの隣り合う全目にとじ針を入れ、かがる。

HOW TO MAKE

MOTIF 07 ▶ P.13

▶ 糸を切る
▷ 糸を付ける
▽ 作り目くさり編み17目
→ 矢印の先に引き抜き編みで編みつなぐ　※番号順に編み進める

MOTIF 18 ▶ P.20

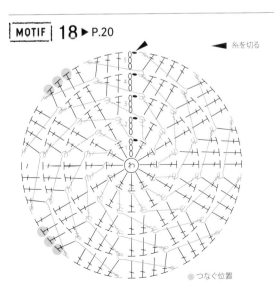

▶ 糸を切る
● つなぐ位置

MOTIF 19 ▶ P.20

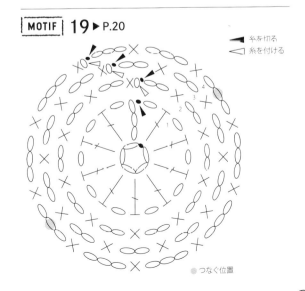

▶ 糸を切る
▷ 糸を付ける
● つなぐ位置

MOTIF 26 ▶ P.28

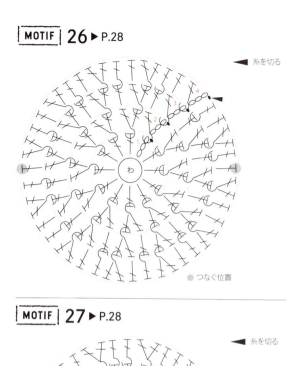

MOTIF 32 ▶ P.33

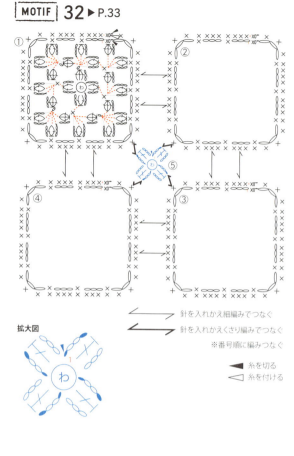

MOTIF 27 ▶ P.28

MOTIF 33 ▶ P.34

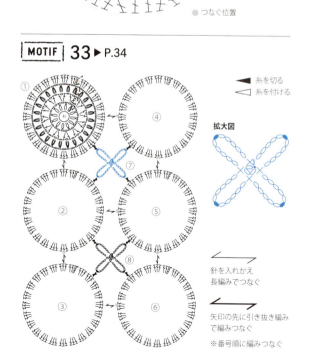

MOTIF 35 ▶ P.36

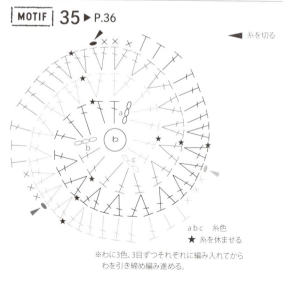

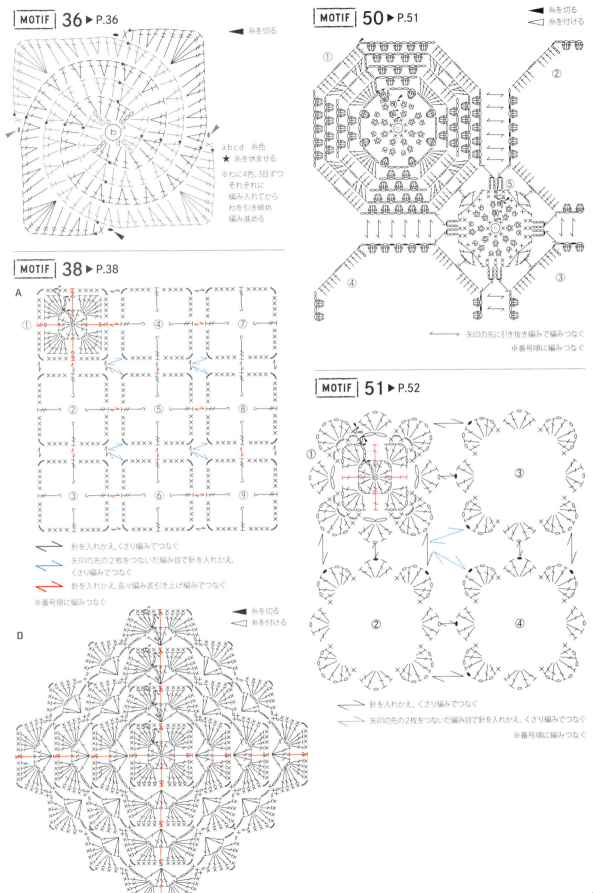

MOTIF 53 ▶ P.54

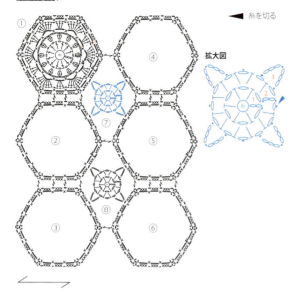

◀ 糸を切る
拡大図

⟵
引き抜き編みでつなぐ
※番号順に編みつなぐ

MOTIF 54 ▶ P.55

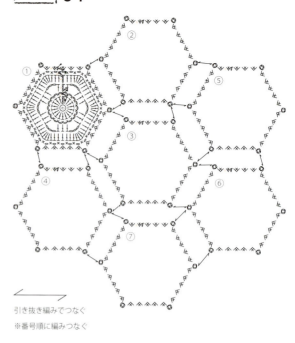

⟵
引き抜き編みでつなぐ
※番号順に編みつなぐ

MOTIF 57 ▶ P.60

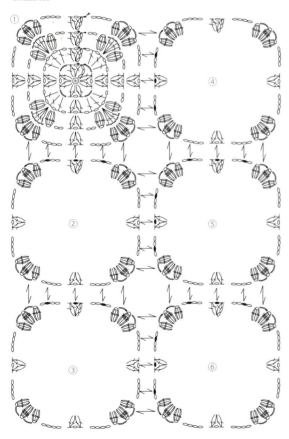

⟶ 針を入れかえ、くさり編みでつなぐ
※番号順に編みつなぐ

MOTIF 58 ▶ P.62

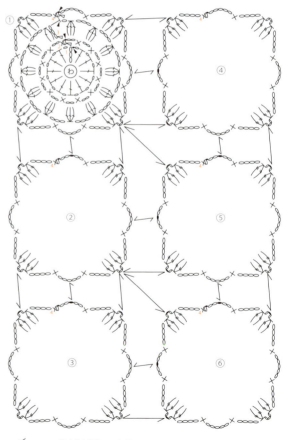

⟵
引き抜き編みでつなぐ
※番号順に編みつなぐ

MOTIF 61 ▶ P.64

→ 引き抜き編みでつなぐ
→ 2枚目をつないだ引き抜き編みにつなぐ
※番号順に編みつなぐ

MOTIF 72 ▶ P.76

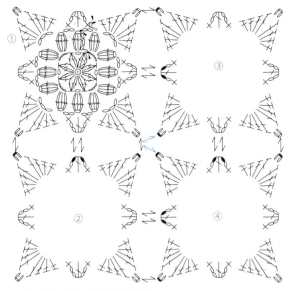

→ 針を入れかえ、くさり編みでつなぐ
→ 矢印の先の2枚をつないだ編み目に針を入れ、くさり編みでつなぐ
※番号順に編みつなぐ

MOTIF 69 ▶ P.73

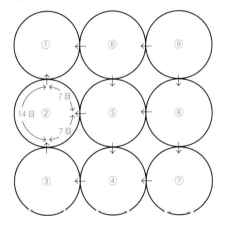

← 針を入れかえ細編みでつなぐ
※番号順に編みつなぐ

段数	目数	増減数
4	28目	+7目
3	21目	+7目
2	14目	+7目
1	7目	

MOTIF 77 ▶ P.81

アウトラインステッチ

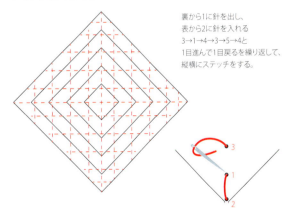

裏から1に針を出し、
表から2に針を入れる
3→1→4→3→5→4と
1目進んで1目戻るを繰り返して、
縦横にステッチをする。

HOW TO MAKE 95

北欧風クロス模様バッグ　▶P.10

[糸] リッチモア/パーセント　オフホワイト(1)60g、
　　黄(101)10g、グレー(122)210g
[針] かぎ針7/0号、とじ針、縫い針
[その他] 内布用の生地（サイズは内布の作り方参照）、
　　本革テープ（2cm幅 80cm）、カシメ4個
　　（頭系9mm・足10mm アンティーク）、
　　縫い糸（グレー）
[サイズ] 図参照

[作り方]
糸は2本取りで編みます。
① わの作り目から、単色（グレー）2枚、クロス（オフホワイト）14枚、クロス（黄）2枚の合計18枚のモチーフを編む。
② ①を図1のように配置し、外表の全目引き抜きはぎでつなぐ。これを2枚作る。
③ ②の2枚の上部以外の三辺を外表の内側半目引き抜きはぎで合わせる。
④ 上部のモチーフ部分から目を拾い、バッグ口を編む。
⑤ 手縫い、もしくはミシンで内布を作り、④に縫い付ける。
⑥ 持ち手の革テープをカシメで留める。

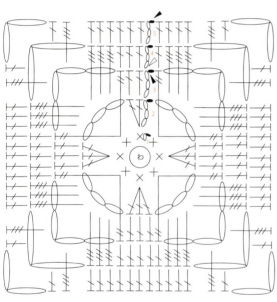

前々段に編むときは、前段のくさり編みを後ろにたおしてよけて編む。

◀ 糸を切る
◁ 糸を付ける

配色

段数	色
5	グレー
4	
3	オフホワイト・黄
2	
1	

[図1]

〈持ち手〉
① 本革テープ80cmを2cm×4個（裏あて用）と36cm×2本（持ち手）にカットする。
② すべての四隅を右図のようにカットする。
③ カシメ用の穴をあける。

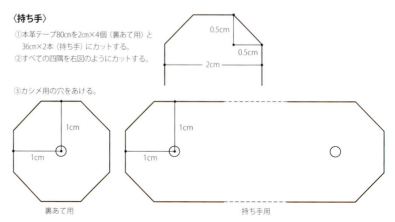

④ 内布のカシメ用の穴は、目打ちなどであける。穴をあける際に、編み地の糸を傷つけないように注意。
⑤ バッグ本体の内側に裏あて用の革をあて、持ち手をカシメでとめる。カシメを差し込むときに、編み地の糸を傷つけないように注意。

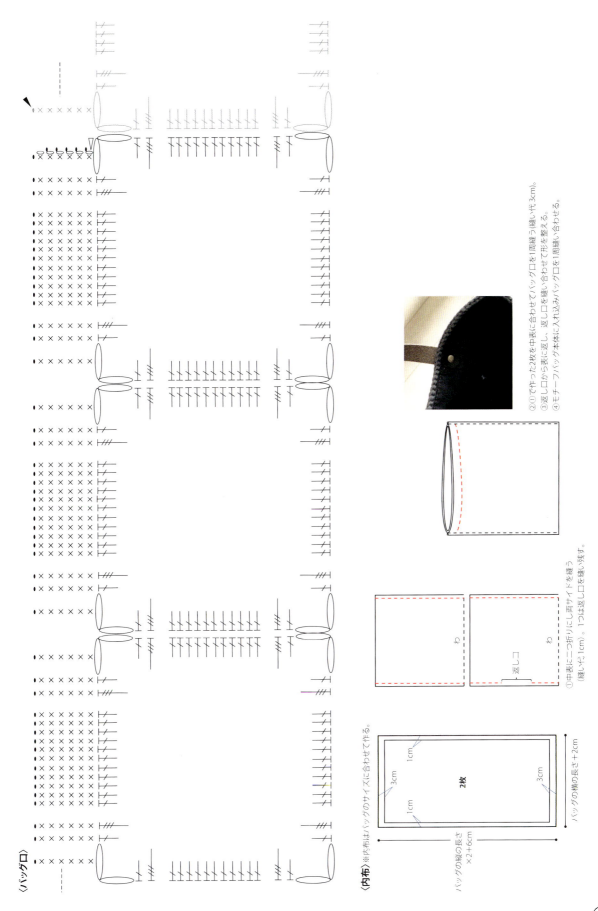

模様編みのブランケット　▶P.14

[糸] DARUMA/フォークランドウール
　　きなり(1)290g、ベージュ(2)480g、
　　茶(3)115g、薄グレー290g、濃グレー(5)135g
[針] かぎ針7/0号(モチーフA)、8/0号(モチーフB、C)、
　　9/0号(モチーフD、E)、とじ針
[サイズ] 図参照

[作り方]
糸は1本取りで編みます。
①6種類のモチーフを指定の枚数分編む。
②図1のように①を配置し、とじ針とベージュの糸を使ってかがりはぎでつなげる。
③図2のようにベージュの糸で細編みで縁を一周編む。

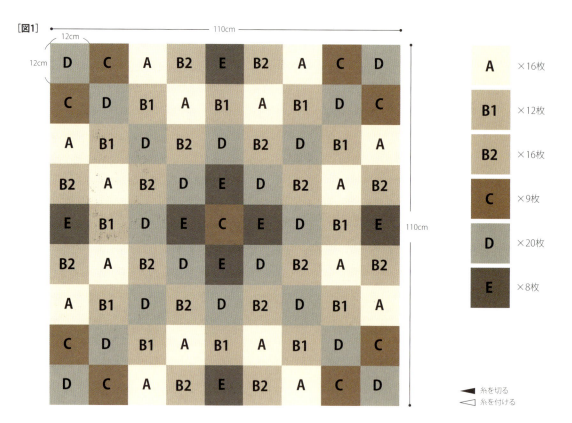

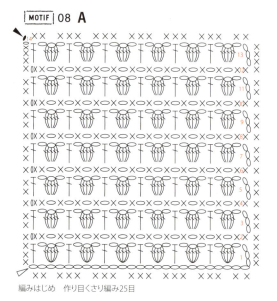

MOTIF 08 A
編みはじめ　作り目くさり編み25目

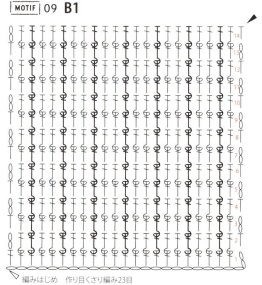

MOTIF 09 B1
編みはじめ　作り目くさり編み23目
※裏を見て編むときは引き上げ編みの表と裏を逆に編む。

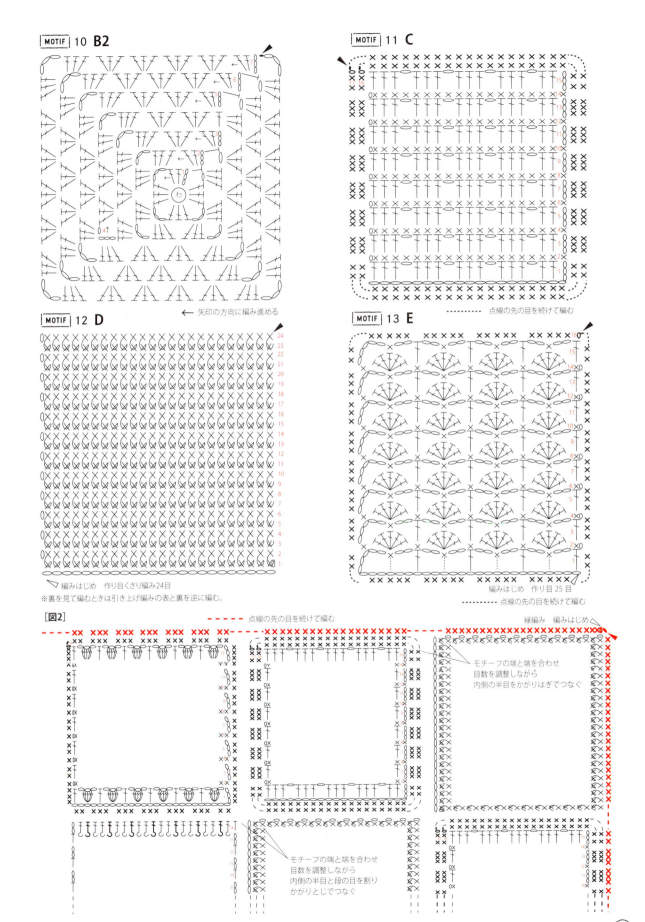

デニム風グラニーバッグ ▶P.21

[糸] パピー／ピマデニム　ライトブルー(111)95g、ネイビー(100)45g、ブルー(159)70g
[針] かぎ針6/0号、とじ針
[サイズ] 図参照

[作り方]
糸は1本取りで編みます。
①底は、ライトブルーの糸でわの作り目に長編み18目を編み入れ、模様編みで増し目をしながら20段編む。
②側面に使用するモチーフは、3色の糸でAとBパターンを各15枚ずつ、合計30枚編む。
③モチーフは全てスチームアイロンをかけ、8cm角の大きさに揃える。
④各モチーフは図1のように、ブルーの色で引き抜きはぎでつなぎ合わせ、側面を完成させる。底と側面を180目で引き抜きはぎでつなぐ。
⑤バッグの入れ口は、側面から180目拾い、細編みで減らし目をしながら8段編む。
⑥持ち手は、細編みで図2のように色を変えながら113段編む。編み始めと編み終わりに端糸を50cmほど残しておき、その糸をとじ針に通し、指定の位置に縫い付ける。

〈側面〉3色2パターン合計30枚

MOTIF 20 A：8cm角

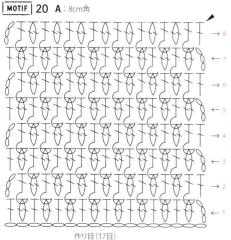

作り目(17目)

※裏を見て編むときは引き上げ編みの表と裏を逆に編む。

MOTIF 21 B：8cm角

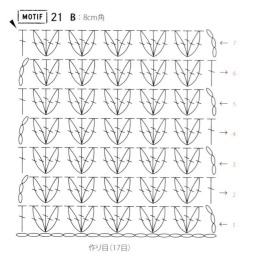

作り目(17目)

◀ 糸を切る

[図1]
バッグ本体の柄合わせ（Aは横向きにして繋げていく）

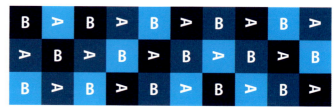

ライトブルー A ×4枚　B ×6枚
ネイビー A ×5枚　B ×5枚
ブルー A ×6枚　B ×4枚

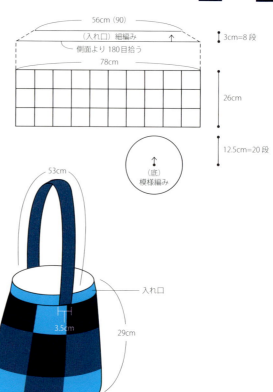

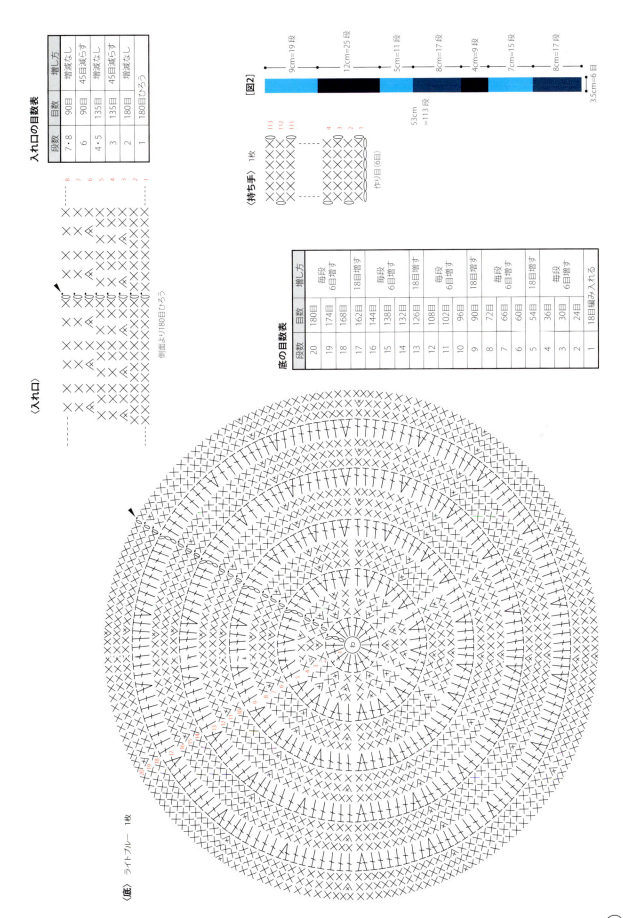

入れ口の目数表

段数	目数	増減方
7・8	90目	増減なし
6	90目	45目減らす
4・5	135目	増減なし
3	135目	45目減らす
2	180目	増減なし
1	180目ひろう	

〈入れ口〉

側面より180目ひろう

[図2]

9cm=19段 / 12cm=25段 / 5cm=11段 / 8cm=17段 / 4cm=9段 / 7cm=15段 / 8cm=17段

53cm=113段

3.5cm=6目

〈持ち手〉 1枚

作り目（6目）

底の目数表

段数	目数	増減方
20	180目	毎段
19	174目	6目増す
18	168目	18目増す
17	162目	毎段
16	144目	6目増す
15	138目	18目増す
14	132目	毎段
13	126目	6目増す
12	108目	18目増す
11	102目	毎段
10	96目	6目増す
9	90目	18目増す
8	72目	毎段
7	66目	6目増す
6	60目	18目増す
5	54目	毎段
4	36目	6目増す
3	30目	18目増す
2	24目	
1	18目編み入れる	

〈底〉 ライトブルー 1枚

HOW TO MAKE 101

三角模様のペタンコバッグ ▶P.27

[糸] リッチモア/パーセント　紺(47)30g、マスタード(6)30g、グレー(121)30g、オフホワイト(1)30g、こげ茶(89)30g
[針] かぎ針4/0号、とじ針、縫い針
[その他] クラッチハンドル(6cm×12cm)、縫い糸(こげ茶)
[サイズ] 図参照

[作り方]
糸は1本取りで編みます。
①指定の配色でひし形のモチーフを45枚、三角のモチーフを10枚編む。このとき編み終わりの残り糸は、50cm程度残してカットする。A、a、B、bは13段目で色を変えながらひし形に編む。C、Dは12段目まで編む。
②モチーフを図1のように配置し、とじ針を使って①の残り糸でかがりはぎでつなぐ。このとき、表側に縫い目が出ないように、モチーフの裏側の端の目を拾う。
③持ち手は、モチーフ部分から130目拾い、往復編みで27段編む。
④持ち手にクラッチハンドルを配置し、縫い針と糸で縫い付ける。

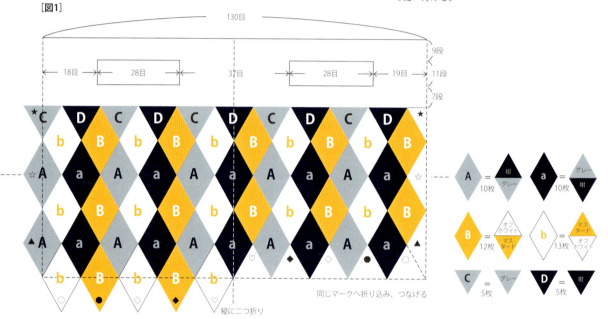

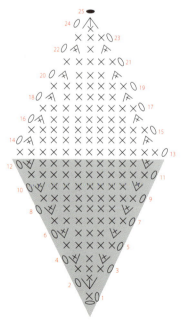

*モチーフC・Dは12段目まで

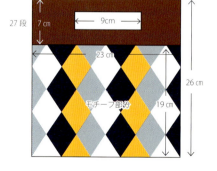

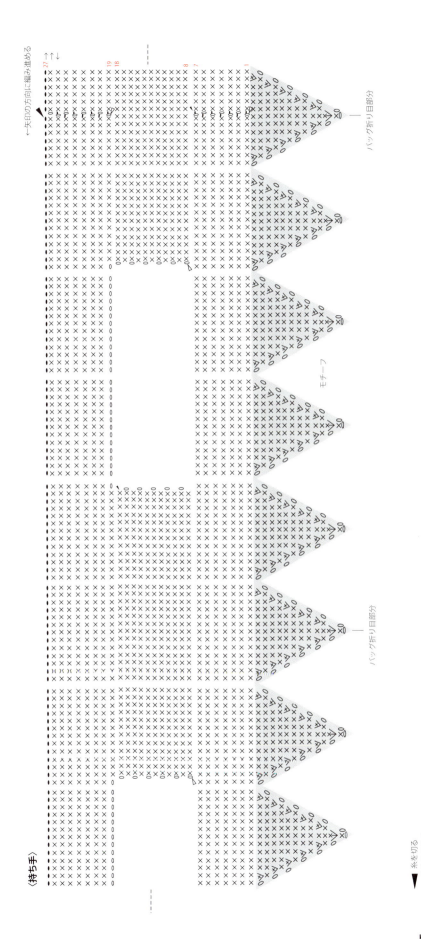

ドミノ編みのリバーシブルポットマットとコースター ▶ P.32

[糸] A:パピー/コットンコナ　黄(77)20g、青(80)20g、オフホワイト(2)30g
B:パピー/コットンコナ　紫ピンク(79)20g、水色(76)20g、オフホワイト(2)30g
[針] かぎ針3/0号、とじ針
[サイズ] 図参照

[作り方]
糸は1本取りで編みます。
①わの作り目から、細編みでモチーフを編む。1枚でコースターの完成。
②ポットマットは、コースターを4枚編み、スチームアイロンで編み地を整える。4枚のモチーフは、図1のように対角線上に二つ折りにし、とじ針とオフホワイトの糸を使って縁編みの内側の半目同士を拾いかがりはぎでつなぐ。

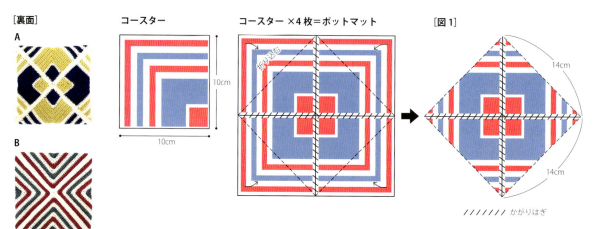

配色　＊縁編みはオフホワイト

段数	目数	増減数	A配色	B配色
28	57目	+2目	青/黄	水色/紫ピンク
27	55目	+2目	青/黄	水色/紫ピンク
26	53目	+2目	オフホワイト	
25	51目	+2目	オフホワイト	
24	49目	+2目	青/黄	紫ピンク/水色
23	47目	+2目	青/黄	紫ピンク/水色
22	45目	+2目	オフホワイト	
21	43目	+2目	オフホワイト	
20	41目	+2目	青/黄	水色/紫ピンク
19	39目	+2目	青/黄	水色/紫ピンク
18	37目	+2目	オフホワイト	
17	35目	+2目	オフホワイト	
16	33目	+2目	青/黄	紫ピンク/水色
15	31目	+2目	青/黄	紫ピンク/水色
14	29目	+2目	青/黄	紫ピンク/水色
13	27目	+2目	青/黄	紫ピンク/水色
12	25目	+2目	青/黄	紫ピンク/水色
11	23目	+2目	青/黄	紫ピンク/水色
10	21目	+2目	青/黄	紫ピンク/水色
9	19目	+2目	青/黄	紫ピンク/水色
8	17目	+2目	青/黄	紫ピンク/水色
7	15目	+2目	オフホワイト	
6	13目	+2目	青/黄	水色/紫ピンク
5	11目	+2目	青/黄	水色/紫ピンク
4	9目	+2目	青/黄	水色/紫ピンク
3	7目	+2目	青/黄	水色/紫ピンク
2	5目	+2目	青/黄	水色/紫ピンク
1	3目			

※コースターは1枚、ポットマットは4枚編む。

立体フラワーのミニマット ▶P.40

[糸] ハマナカ/アメリー　黒(24)45g、
　　 ベージュ(8)60g、プラムレッド(32)5g、
　　 コーンイエロー(31)15g、青緑(12)25g、
　　 チャイナブルー(29)20g、クリーム(2)15g、
　　 紫(18)6g、白(20)10g
[針] かぎ針6/0号
[サイズ] 図参照

[作り方]
糸は1本取りで編みます。
①モチーフB、モチーフCを3枚編み、モチーフAを
　チャイナブルー1色で1枚、ベージュ1色で3枚編む。
②図1のように配置し、黒糸で外表に合わせ細編み
　はぎでつなぎ合わせる。
③図2のように黒糸で1段細編みで縁編みし、さらに
　バック細編みで一周縁編みする。

[図1] モチーフを外表に合わせ矢印の方向に1辺17目ずつ細編みはぎで編みつなぐ

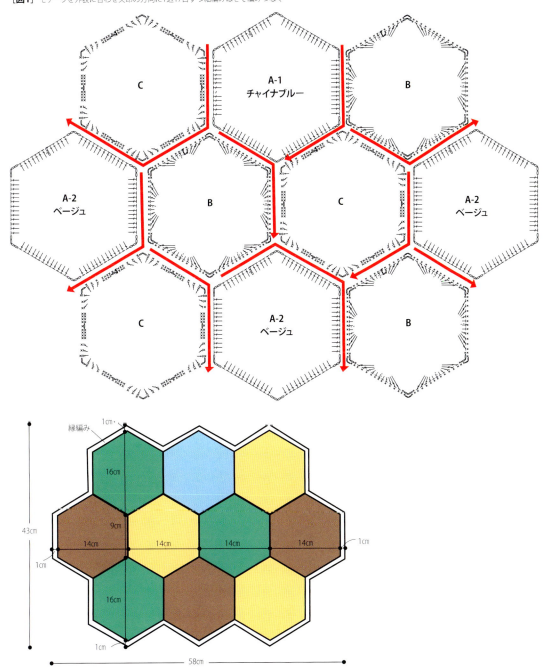

[図2] つないだモチーフに縁編みをする

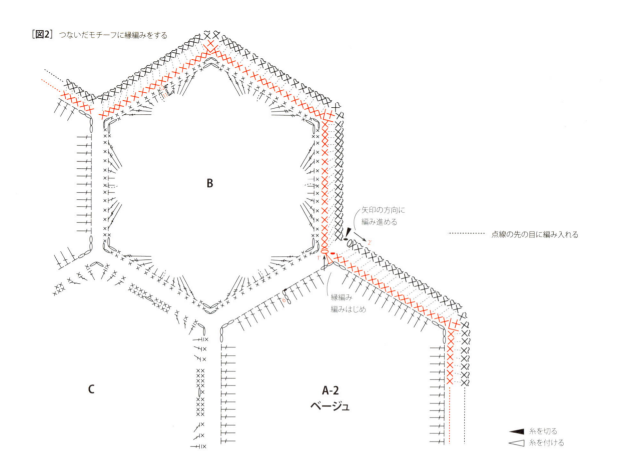

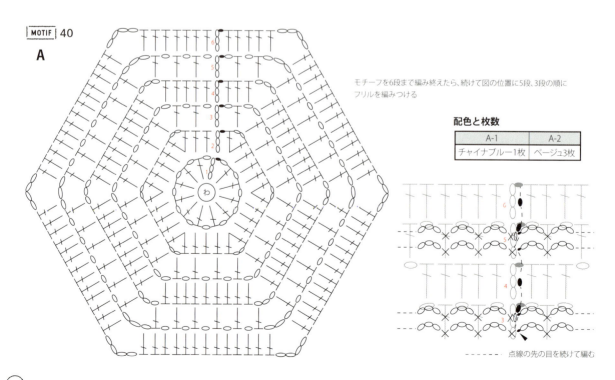

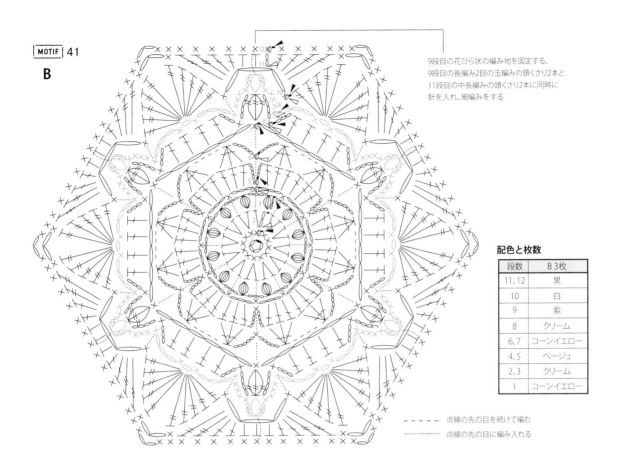

MOTIF 41 B

9段目の花びら状の編み地を固定する。
9段目の長編み2目の玉編みの頭くさり2本と
11段目の中長編みの頭くさり2本に同時に
針を入れ、細編みをする

段数	B 3枚
11、12	黒
10	白
9	紫
8	クリーム
6、7	コーンイエロー
4、5	ベージュ
2、3	クリーム
1	コーンイエロー

- - - - 点線の先の目を続けて編む
······· 点線の先の目に編み入れる

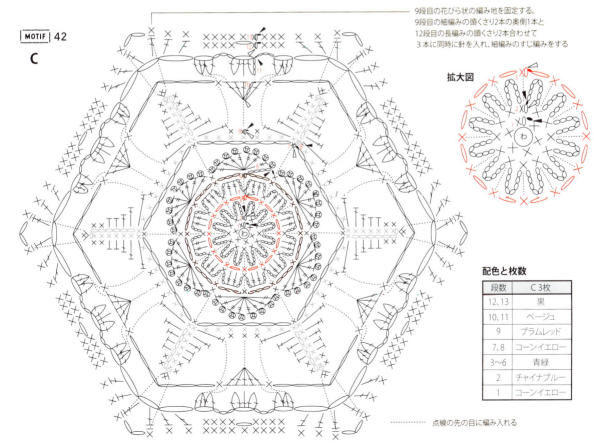

MOTIF 42 C

9段目の花びら状の編み地を固定する。
9段目の細編みの頭くさり2本の奥側1本と
12段目の長編みの頭くさり2本合わせて
3本に同時に針を入れ、細編みのすじ編みをする

拡大図

配色と枚数

段数	C 3枚
12、13	黒
10、11	ベージュ
9	プラムレッド
7、8	コーンイエロー
3〜6	青緑
2	チャイナブルー
1	コーンイエロー

······· 点線の先の目に編み入れる

HOW TO MAKE 107

和モダンのれん ▶P.44

[糸] DARUMA/レース糸 #20　白(2)50g、
　　 赤(10)30g、カラシ(17)30g、紺(9)35g
[針] かぎ針3/0号
[その他] 突っ張り棒小(長さ60cm以上、
　　　　 直径2cm程度の棒ならOK)
[サイズ] 図参照

[作り方]
糸は1本取りで編みます。
①モチーフは、編みつなげながら図1のように指定の枚数を編む。
②棒通しカバーは、白糸で長編み74段編む。袋とじにするために図2のように長編み74段の両端を重ね、細編み159目拾い編みながらとじる。
③モチーフつなぎの最後のモチーフで、図2のように編みつなげる。

[図1]

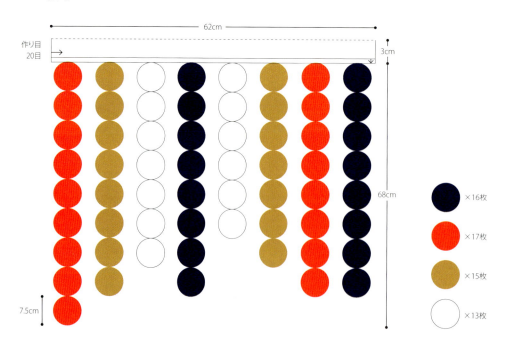

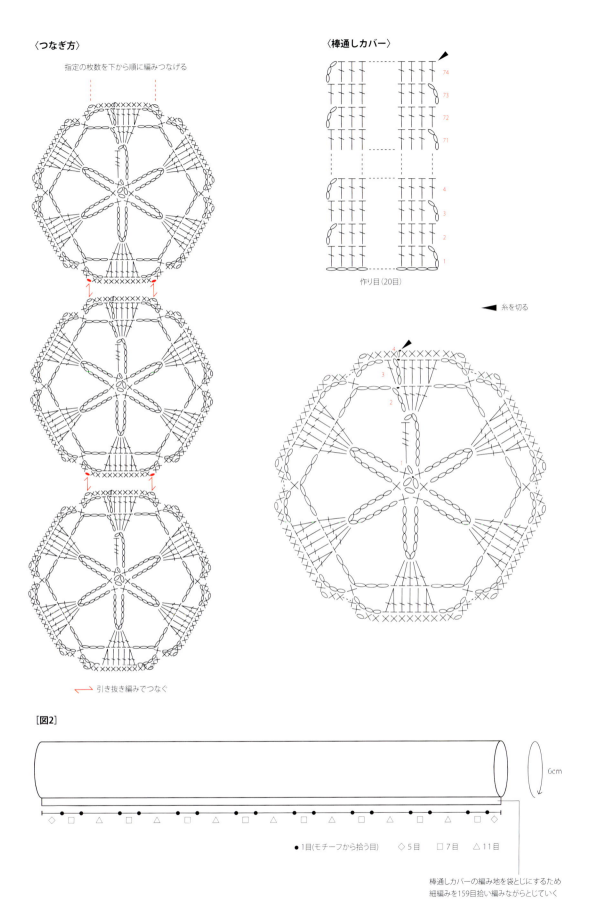

HOW TO MAKE 109

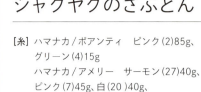

シャクヤクのざぶとん ▶P.49

[糸] ハマナカ/ポアンティ ピンク(2)85g、
　　 グリーン(4)15g
　　 ハマナカ/アメリー サーモン(27)40g、
　　 ピンク(7)45g、白(20)40g、
　　 グラスグリーン(13)20g
[針] かぎ針7/0号、とじ針
[サイズ] 図参照

[作り方]
糸はポアンティとアメリーの2本取りで編みます。
①土台を1枚編む。このとき、2枚目以降の編み終わりの糸は90cm程度残してカットする。
②土台の2段目～4段目のすじ編み手前半目を拾って花びらを編み付ける。これを19枚編む。
③2枚目から19枚目までは、図1を参考に①の編み終わりの糸で、先に編んだモチーフと外表に合わせて、一辺につき7目ずつ引き抜きはぎでつなぐ。

[図1]

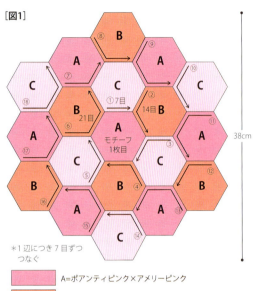

*1辺につき7目ずつつなぐ

A=ポアンティピンク×アメリーピンク
B=ポアンティピンク×アメリーサーモン
C=ポアンティピンク×アメリー白

※糸は2本取りで編む。

〈土台〉

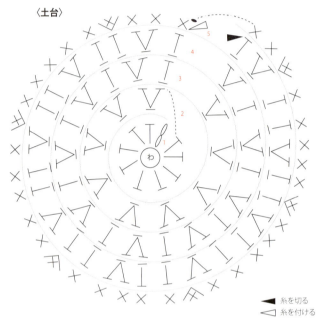

◀糸を切る
◁糸を付ける

〈土台に編み付ける花びら〉

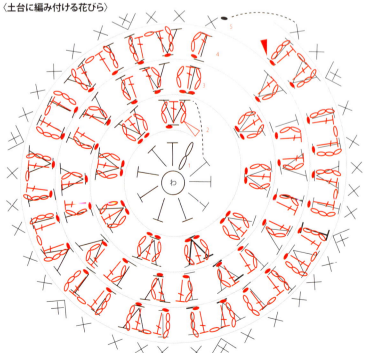

土台配色

段数	目数	増減数	色
5	42目	+6目	グラスグリーン×グリーン
4	36目	+9目	A/B/C
3	27目	+9目	
2	18目	+9目	
1	10目		

フラワーモチーフのがま口ポーチ　▶P.56

[糸]　A:リッチモア/パーセント　オフホワイト(1)10g、
　　　　レモンイエロー(4)30g
　　　　ハマナカ/ソノモノ ヘアリー　グレー(124)20g
　　　B:リッチモア/パーセント
　　　　ミントグリーン(23)10g、カプリブルー(25)30g、
　　　　オフホワイト(1)20g
[針]　かぎ針7/0号、とじ針、縫い針
[その他]　A:ハマナカバッグ用口金・銀(H207-002-2)、
　　　　　革ミニ持ち手(7mm幅 ナスカン含み24cm)
　　　　　B:ハマナカバッグ用口金・アンティーク
　　　　　(H207-002-4)、革ミニ持ち手(7mm幅
　　　　　ナスカン含み24cm)
[サイズ]　図参照

[作り方]
糸は2本取りで編みます。
①モチーフA、Bをそれぞれ2枚編む。2〜4段目のすじ編み手前半目に続けて花びらを編み付ける。(編み付け部編み図参照)
②①を外表に合わせ、とじ針と8段目と同じ色の糸を使って編み図の青い矢印部分をかがりはぎ(内側半目)でつなぐ。
③編み図の赤い矢印部分にバッグ用口金を8段目と同じ色の糸で縫い付ける。
④持ち手を付ける。

配色

段数	A	B
編み付け	グレー	オフホワイト
8		
7	レモンイエロー	カプリブルー
6		
5		
4	オフホワイト	ミントグリーン
3		
2		
1		

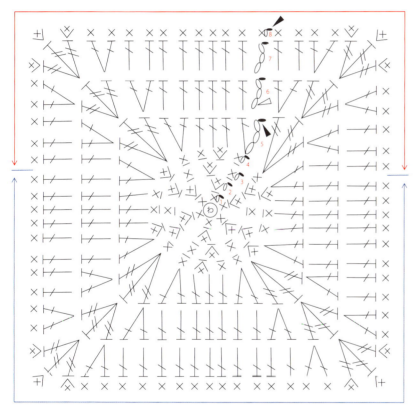

編み付け部編み図
―　すじ編み手前半目
(2段目〜4段目のすじ編み手前半目に編み付ける)

▶ 糸を切る
▷ 糸を付ける

← 編みはじめ

22cm / 12cm

三角モチーフのショール ▶P.58

[糸] リッチモア／パーセント
　　スノーホワイト(95)570g
[針] かぎ針 5/0号、とじ針
[サイズ] 図参照

[作り方]
糸は1本取りで編みます。
① わの作り目から、モチーフを1枚編む。2枚目からは図2のように最終段でつなぎながら編み、図1のように合計100枚編みつなげる。
② 図3を参考に、縁編みをして仕上げる。

[図1]

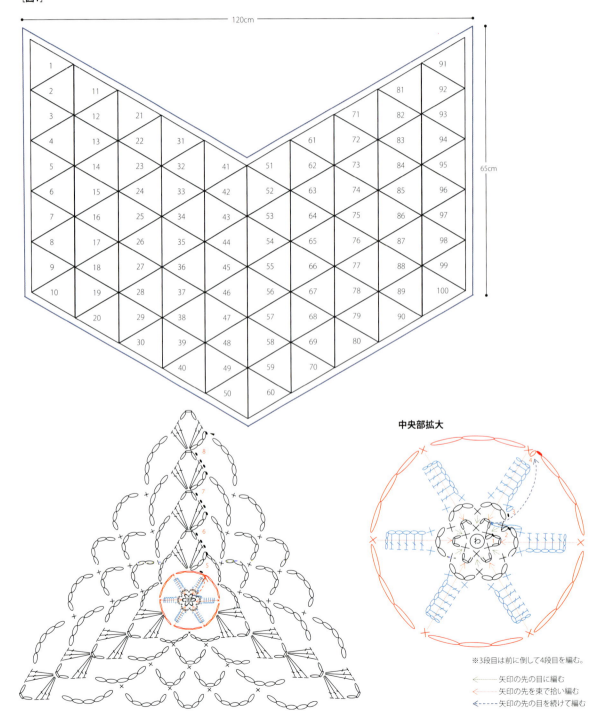

※3段目は前に倒して4段目を編む。

← 矢印の先の目に編む
← 矢印の先を束に拾い編む
←--- 矢印の先の目を続けて編む

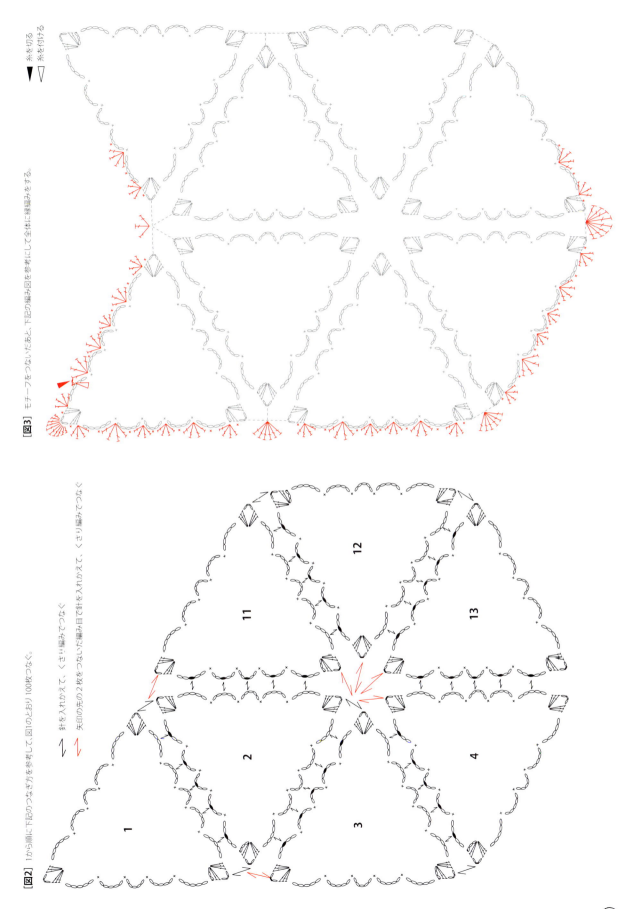

巾着型ショルダーバッグ ▶P.61

[糸] DARUMA/LILI ミント(5)260g、
　　 ベージュ(2)30g
　　 DARUMA/ニッティングコットン
　　 ベージュ(2)80g
[針] かぎ針7/0号、とじ針
[その他] ハトメ 12個(穴径8mm)
[ゲージ] 往復編み 15目19段＝10cm
[サイズ] 図参照

[作り方]
糸は1本取りで編みます。
①P.94を参考にしモチーフ6枚が1列の輪になるように編みながらつなぐ。
②本体は、わの作り目から編み図のとおりに編む。17段目と37段目で①のモチーフを図1と本体編み図の赤部分を参考に本体に編み込む。
③紐通し穴にハトメを付ける。
④ベージュの糸(LILI)、2.5mを8本用意し、2本ずつ4束に分け、丸四つ編みの編み方を参考に編む。
⑤立ち上がりの両サイドから紐を通し、長さを調整し正面で結ぶ。フリンジ部分の丸四つ編みをほどき、お好みの長さにカットする。

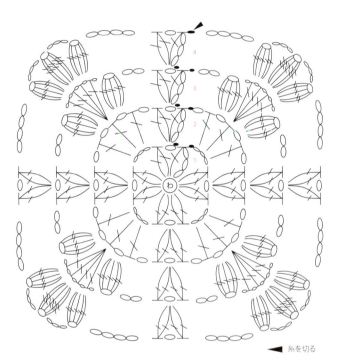

〈丸四つ編み〉
引きしめながら編むとキレイに仕上がります。

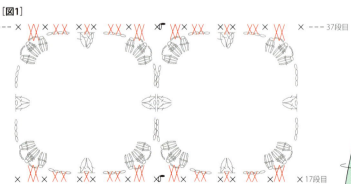

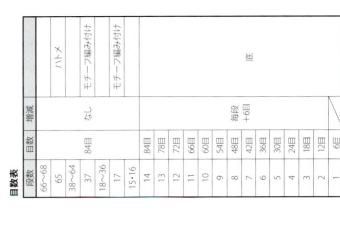
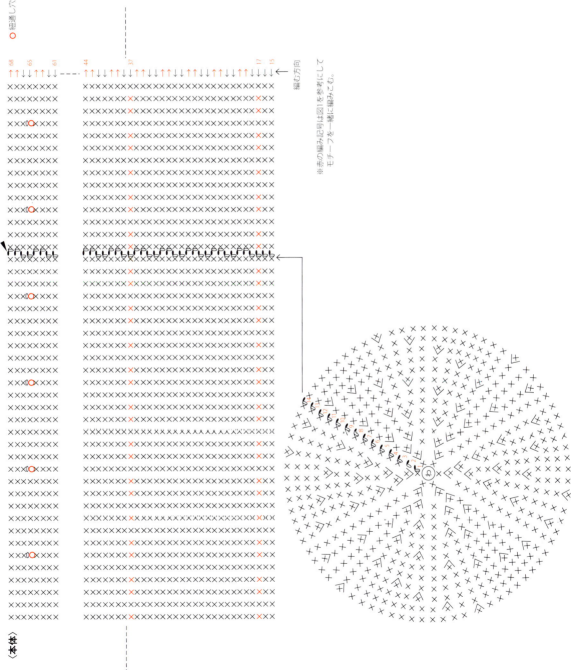

メキシコ刺しゅう風クッション ▶P.69

[糸] リッチモア/パーセント　赤(73)30g、レモンイエロー(101)30g、コバルトグリーン(109)35g、セルリアンブルー(108)15g、ベージュ(83)35g、緑(107)55g、紫(53)55g、カーネーションピンク(72)75g、濃紫(112)35g
[針] かぎ針5/0号、とじ針
[その他] ファスナー(45cm)、ヌードクッション(45cm角)、縫い針、縫い糸(濃紫)
[サイズ] 図参照

[作り方]
糸は1本取りで編みます。
①くさり編み1目で作り目をし、モチーフAを24枚、モチーフBを8枚編む。(両面分)
②モチーフは図1のように配置し、中表に合わせ、とじ針を使ってすくいとじでつないだものを2枚作る。
③図2のように②の2枚を細編みで縁編みしたら外表に合わせ、3辺を細編みはぎでつなぐ。そのままブレードを編む。(縁編みとブレードの編み図P.118参照)
④図3のようにファスナーを縫い付ける。

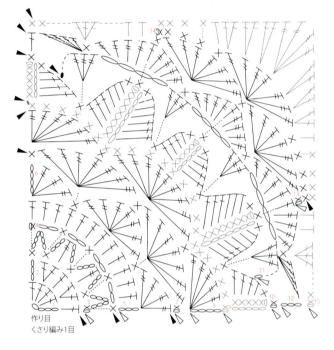

- - - - 点線の先の目を続けて編む
・・・・・ 点線の先の目に編み入れる
▶ 糸を切る
▷ 糸を付ける

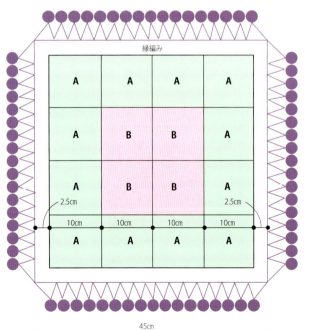

配色と枚数

段数	A 24枚	B 8枚
15	コバルトグリーン	カーネーションピンク
13、14	紫	赤
12	緑	ベージュ
11	赤	レモンイエロー
10	カーネーションピンク	紫
9	ベージュ	コバルトグリーン
8	紫	カーネーションピンク
7	セルリアンブルー	紫
5、6	カーネーションピンク	レモンイエロー
3、4	レモンイエロー	コバルトグリーン
1、2	カーネーションピンク	レモンイエロー

[図1] モチーフの配置ととじ方

とじ針ととじる用の糸を140cmずつ用意。モチーフA12枚、B4枚を図のように配置し、中表に合わせ指定の糸ですくいとじでつなぎ合わせる。これを2枚作る。

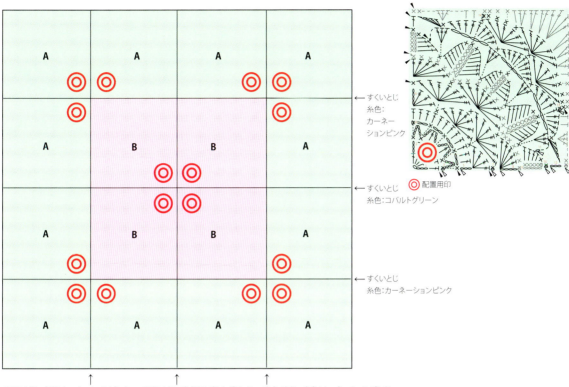

[図2]

P.118の〈細編みとブレードの編み方〉を参照し、●位置で1,3,5段に増やし目をし6段縁編みする(2枚それぞれに縁編みする)

2枚を外表に合わせ、角a-角b・角c-角dの3辺を濃紫糸で細編みではぎ合せ袋状にする

続けて、角d-角aの手前の1辺だけにブレードを編む

さらに続けて、2'段の角a-角b・角c-角dの3辺にブレードを編み、ブレード編みはじめの細編みに引き抜き編みをし、とじる

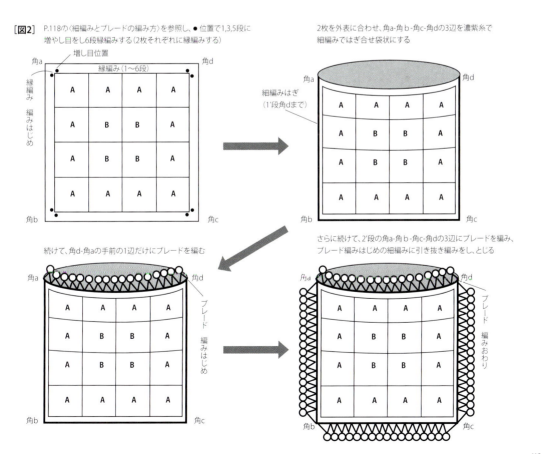

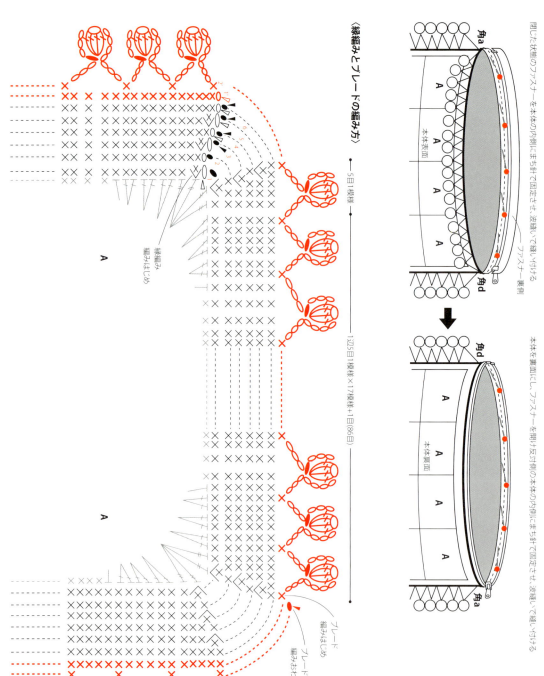

水玉模様のポーチ ▶P.72

[糸] リッチモア/パーセント インディゴ(47)40g、ミストグリーン(22)6g、クリムスン(114)10g、スノーホワイト(95)6g
[針] かぎ針4/0号、とじ針
[その他] ファスナー(17cm)、縫い糸(紺)、丸カン2個、綿少々
[サイズ] 図参照

[作り方]
糸は1本取りで編みます。
①わの作り目から、モチーフ大を4枚、中を8枚、小を12枚を編む。
②モチーフを図1のように配置し、中表に合わせ半目を拾ってインディゴの糸で引き抜きはぎでつなぐ。モチーフ小は一辺につき6目分、モチーフ中は一辺につき12目分、モチーフ大は一辺につき18目分を拾う。
③縁編みをして、スチームアイロンで編み地を整える。
④③を中表に合わせて、ファスナーを付ける辺以外の3辺を、細編みで全目を拾ってつなぐ。表面にひっくり返す。
⑤ファスナー飾りを編む。このとき、編み終わりの糸は20cmくらい残してカットする。
⑥ファスナー飾りの中に適量の綿を入れる。とじ針を使い、⑤の残り糸で最終段の目を内側から外側に向かって、外側1本ずつ拾い、引き絞って口をとじる。とじ口の真ん中に丸カンを1個取り付ける。
⑦ファスナーを縫い付け、丸カンでファスナー飾りをつける。
(ファスナーの縫い付け方はP.118参照)

[図1]

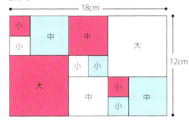
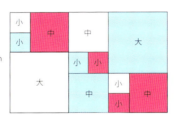

大×4枚
中×8枚
小×12枚

MOTIF 68 小

配色

段数	目数	増減数	色
3	20目	+8目	インディゴ
2	12目	+6目	スノーホワイト/クリムスン/ミストグリーン
1	6目		

MOTIF 67 中

配色

段数	目数	増減数	色
6	44目	+8目	インディゴ
5	36目	+8目	
4	28目	+7目	スノーホワイト/クリムスン/ミストグリーン
3	21目	+7目	
2	14目	+7目	
1	7目		

MOTIF 66 大

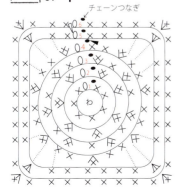

配色

段数	目数	増減数	色
10	68目	+8目	インディゴ
9	60目	+8目	
8	52目	+8目	
7	44目	+8目	
6	36目	+6目	スノーホワイト/クリムスン/ミストグリーン
5	30目	+6目	
4	24目	+6目	
3	18目	+6目	
2	12目	+6目	
1	6目		

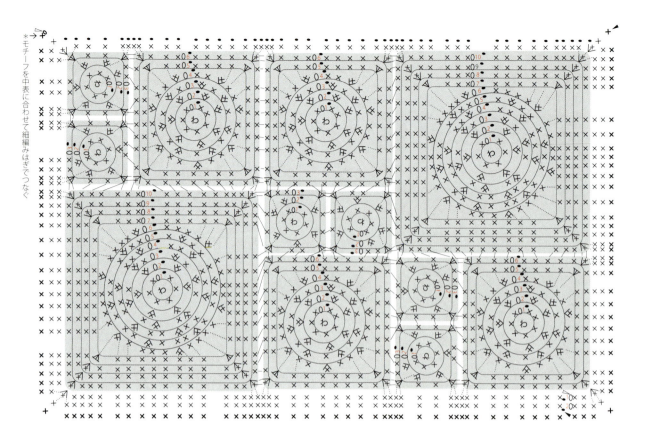

〈ファスナー飾り〉

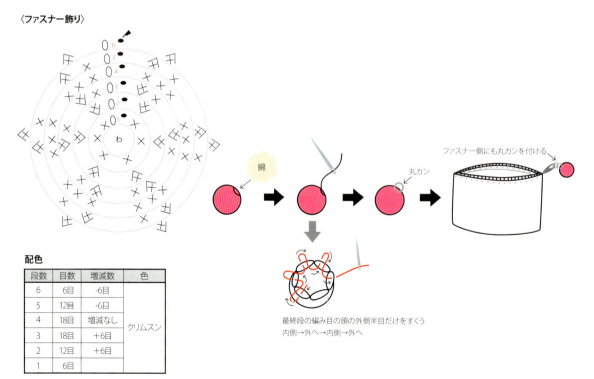

最終段の編み目の頭の外側半目だけをすくう
内側→外へ→内側→外へ

配色

段数	目数	増減数	色
6	6目	-6目	クリムスン
5	12目	-6目	
4	18目	増減なし	
3	18目	+6目	
2	12目	+6目	
1	6目		

リング編みのモコモコマット　▶P.80

[糸] ハマナカ/ボニー　ピンク(468)45g、
　　　マゼンダ(601)25g、白(401)15g、
　　　オフホワイト(442)25g、緑(426)25g、
　　　こげ茶(419)15g、薄紫(496)25g、
　　　山吹色(433)15g
　　　ハマナカ/アメリー　オフホワイト(2)3g
[針] かぎ針7.5/0号、とじ針
[その他] ハマナカあみあみビートルネット(S)
　　　　(H200-602)
[サイズ] 図参照

[作り方]
糸は1本取りで編みます。
①指定の色でモチーフを合計23枚編む。
②図1のように配置し、モチーフをすべて裏返す。(リングが上になる)
③とじ針とアメリー(オフホワイト)の糸で②をかがりはぎでつなげる。
④図2のようにつないだモチーフのリングのない面の上にネットを置き、赤部分にとじ針で糸を通し、ネットとモチーフを固結びでくくり付ける。
⑤図2の赤線のように、余分なネットをはさみでカットする。(結んだ箇所をカットしないように注意)

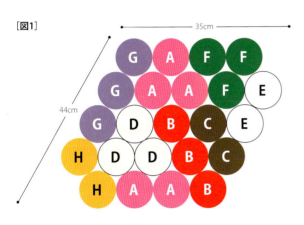

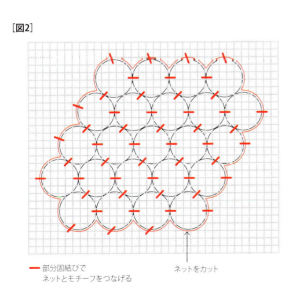

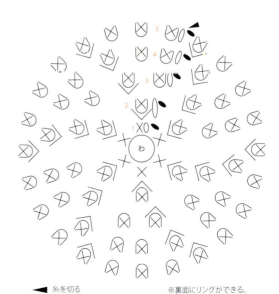

シマシマミックスブランケット ▶P.84

[糸] DARUMA/原毛に近いメリノウール
ベージュ(2)80g、スモークブルー(5)90g、
茶(11)90g、オレンジ(19)60g
DARUMA/#0.5 WOOL きなり(1)15g
[針] かぎ針7/0号、とじ針
[サイズ] 図参照

[作り方]
糸は1本取りで編みます。
①A〜Dのモチーフを合計14枚編む。
②各モチーフにスチームアイロンをかけ、それぞれの大きさに揃える。
③図1のようにモチーフを矢印の向きに並べ、とじ針とベージュの糸を使ってかかりはぎでつなぐ。

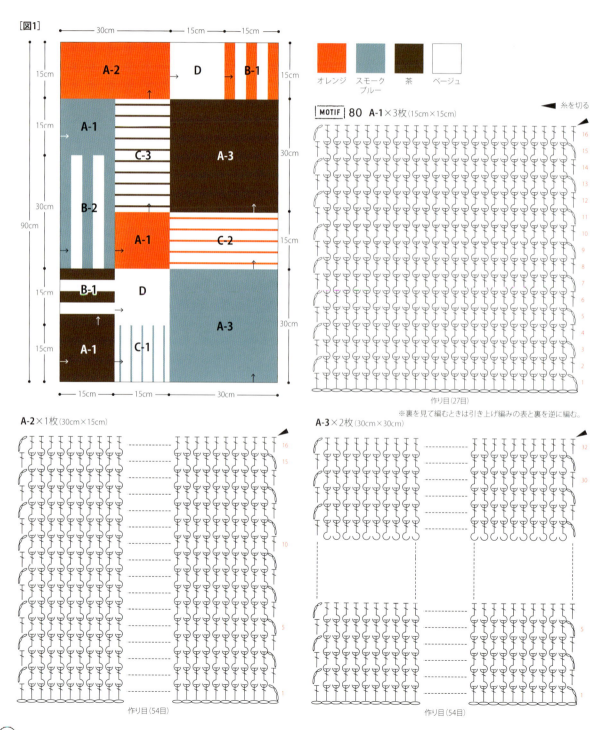

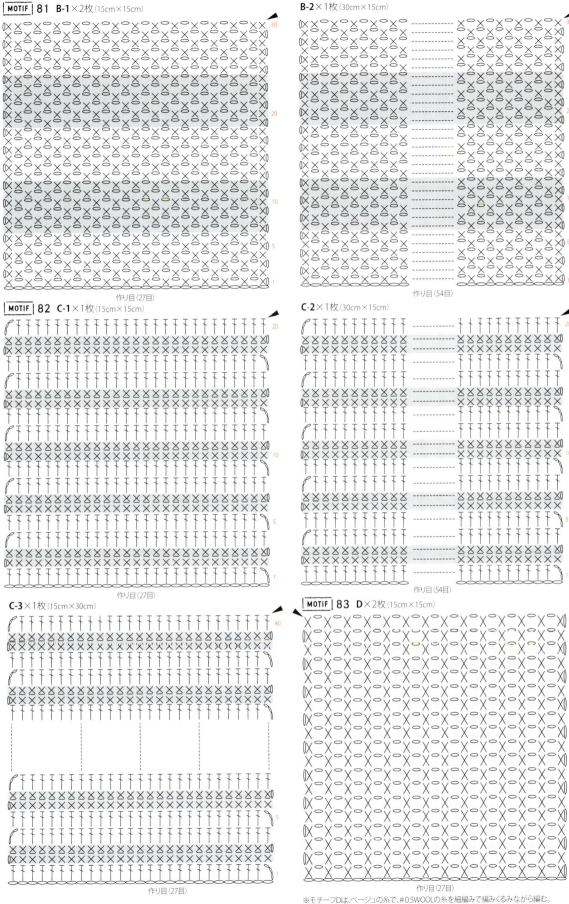

編み目記号表

本書で使用している主な編み目記号です。

引き抜き編み
前段の目にかぎ針を入れ、糸をかけ引き抜く。

 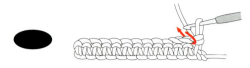

くさり編み
かぎ針に糸を巻き付け、糸をかけ引き抜く。

細編み
立ち上がりのくさり1目は目数に入れず、上半目に針を入れ糸を引き出し、糸をかけ2ループを引き抜く。

立ち上がり1目　　上半目に針を入れる。

細編みの表引き上げ編み
前段の目の足を手前からすくい、細編みを編む。

細編みの裏引き上げ編み
前段の目の足を裏からすくい、細編みを編む。

 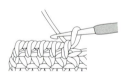

バック細編み
編み地の向きはそのままで、左から右へ細編みを編み進める。

 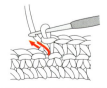 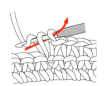 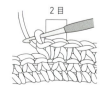

細編み2目編み入れる
同じ目に細編み2目を編み入れる。

細編み3目編み入れる
同じ目に細編み3目を編み入れる。

2目　　1目増

細編み3目一度
未完成の細編みを3目編み、針に糸をかけ一度に引き抜く。

 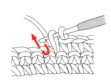 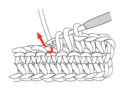 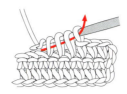 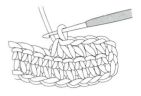

中長編み
かぎ針に糸をかけ引き出し、さらに糸をかけ3ループを一度に引き抜く。

   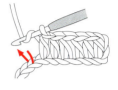

中長編みのすじ編み
前段の目の奥側半目に針を入れ、中長編みを編む。

 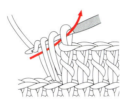

長編み
かぎ針に糸をかけ引き出し、さらに糸をかけ2ループ引き抜くを2回繰り返す。

   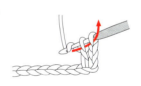 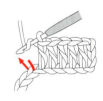

長々編み目
かぎ針に2回糸をかけ1本引き出し、さらに1回糸をかけ2ループ引き抜くを3回繰り返す。

三つ巻き長編み
かぎ針に3回糸をかけ1目引き出し、さらに糸をかけ2ループ引き抜くを4回繰り返す。

  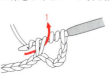 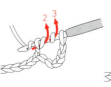

長編み2目一度
矢印の位置に未完成の長編みを2目編み、糸をかけ一度に引き抜く。

 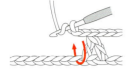  

長編み3目編み入れ
同じ目に長編み3目を編み入れる。

長編み2目編み入れ
同じ目に長編み2目を編み入れる。

 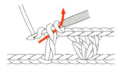 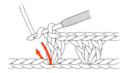 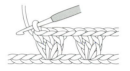

長編みの表引き上げ編み
前段の目の足を手前からすくい、長編みを編む。

長々編みの表引き上げ編み
前段の目の足を手前からすくい、長々編みを編む。

長編みの裏引き上げ編み
前段の目の足を裏からすくい、長編みを編む。

長編み3目の玉編み
同じ目に未完成の長編み3目を編み、糸をかけ4ループを一度に引き抜く。

長編み2目の玉編み
同じ目に未完成の長編み2目を編み、糸をかけ3ループを一度に引き抜く。

長編み4目のパプコーン編み
同じ目に長編みを4目編み入れ、一度かぎ針をはずす。※矢印のように針を入れ直し、引き抜く。くさり編みを1目編む。

  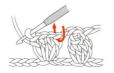 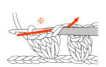  

長編み5目のパプコーン編み
同じ目に長編み5目を編み入れたら一度かぎ針をはずす。※矢印のように針を入れ直し、引き抜く。くさり編みを1目編む。

  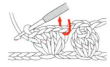 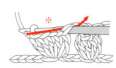 

長々編み5目パプコーン編み
同じ目に長々編み5目を編み入れたら一度かぎ針をはずす。※の矢印のように針を入れ直し、引き抜く。くさり編み1目を編む。

 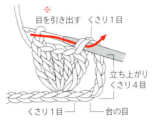 

リング編み
左手の中指で糸を下げたまま細編みを編むと、裏面にリングができる。

 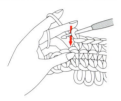 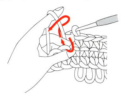 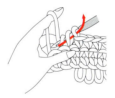

長編みのすじ編み
前段の目の奥側半目に針を入れ、長編みを編む。

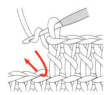 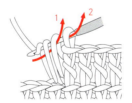

中長編み3目の玉編み
同じ目に未完成の中長編み3目を編み入れ糸をかけ一度に引き抜く。

中長編み2目の玉編み
 同じ目に未完成の中長編み2目を編み入れ糸をかけ一度に引き抜く。

 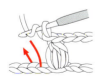  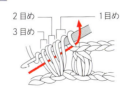 

中長編み3目の変わり玉編み
中長編み3目の玉編み同様未完成の中長編みを同じ目に3目編み入れる。糸をかけ矢印のように引き抜き、さらに糸をかけ残りを引き抜く。

 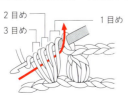  

ザ・ハレーションズ
編集兼ニット作家の武智美恵とデザイナー兼イラストレーターの伊藤智代美からなる創作ユニット。出版を中心に、色に特化した作品作りで活動中。『かぎ針編みのモチーフ 色づかいと配色の見本帖』『エコアンダリヤのかごバッグ』『毎日使えるこどもニットぼうし』(誠文堂新光社刊)など、編み物関連の本も多数出版。
https://www.facebook.com/halations/

企画・制作	ザ・ハレーションズ
	武智美恵(編集)
	伊藤智代美(デザイン)
撮影	サカモトタカシ
	天野憲仁
制作協力	小鳥山いん子、Rikoリボン
作品製作	飯淵典子
	小鳥山いん子
	武智美恵
	長尾美恵子
	blanco
	Miya
	宮井和美
	Rikoリボン
素材提供	株式会社ダイドーフォワード
	パピー事業部
	http://www.puppyyarn.com/
	TEL 03-3257-7135
	ハマナカ株式会社
	http://www.hamanaka.co.jp
	TEL 075-463-5151(代)
	横田株式会社・DARUMA
	http://www.daruma-ito.co.jp/
	TEL 06-6251-2183(代)

印刷物のため、作品の色は実際と違って見えることがあります。ご了承ください。本書の一部または全部をホームページに掲載したり、本書に掲載された作品を複製して店頭やネットショップなどで無断で販売することは著作権法で禁じられています。

多彩な模様と配色のアイデア集
かぎ針で編む モチーフデザインBOOK
2018年11月1日　第1刷発行

編　者	ザ・ハレーションズ
発行者	中村 誠
印刷・製本所	株式会社 光邦
発行所	株式会社 日本文芸社
	〒101-8407 東京都千代田区神田神保町1-7
	TEL 03-3294-8931(営業)
	03-3294-8920(編集)

Printed in Japan 112181018-112181018 Ⓝ 01　(200006)
ISBN978-4-537-21633-2
URL https://www.nihonbungeisha.co.jp/
©The Halations 2018
(編集担当 牧野)

乱丁・落丁本などの不良品がありましたら、小社製作部宛にお送りください。送料小社負担にておとりかえいたします。法律で認められた場合を除いて、本書からの複写・転載(電子化含む)は禁じられています。また、代行業者等の第三者による電子データ化及び電子書籍化は、いかなる場合も認められていません。